文芸社セレクション

葡《え》萄《び》茶《ちゃ》色《いろ》のパスポート

島田 薫

SHIMADA Kaoru

文芸社

目次

（序）ポートランド・マスカット・オスロへ

１９８２年４月、私は葡萄茶色《えびちゃいろ》の数次外交旅券を２冊、外務省外務大臣官房旅券課から受領して、署名を書き入れた。ひとつは私自身のもの、もう一冊は妻とそれに併記された長女のための外交旅券である。

これで私は一外交官（言わば一兵士）として海外に赴くための証を受け取ったわけである。

その冊子の一番表にはスーツ姿の一人の青年の、今では古ぼけてしまったようなセピア色の写真が貼られている。それは40年以前の私の写真なのである。

私はその年１９８２年の４月、アメリカオレゴン州のポートランド総領事館に官房要員の三等理事官兼副領事として派遣された。

旅券、パスポートとは、

「日本から国外に出た自国民を通行故障なく旅行させ保護扶助を与えられるよう要請する、日本国外務大臣により発行された公式の身分証明書である」

一般旅券は有効期間によって赤色もしくは青色で、濃い緑色は日本国政府関係者のための公用旅券であり、葡萄茶色の旅券は外交官にだけ付与された特別なものである。

外交特権とは古くから国際慣習法として確定してきたものが1961年に採択され「外交関係に関するウイーン条約」として加盟する国全てが遵守する国際条約である。

仮に空港に於いて入国の際に他国の官憲が入国する外交官の荷物に疑念を抱き、検査のため開披せよと指示をしたとしても、相互主義によりそれを拒否できる権利を有している。

すなわち入国の官憲がそれでも私に対して荷物の開披を強要した場合に、私はこう答えることができるのだ。

「よろしい、必要であれば今私のトランクの中身をお見せしよう。その代わり明日から は貴国の外交官が日本国に入国する際は全て同様の処置を受けることとなることをご了承頂きたい」と。

私の勤務していた所、それは「外務省」という日本国政府の行政機関のうちの一つには違いないが、他の公官庁とは著しく異なった機能を持つ役所で、それは国内に向けてというよりは日本国の顔として世界と対峙している唯一の役所なのである。

その外務省という役所は沢山の世界中に張り巡らせた在外公館（大使館、総領事館）という出先の部署を傘下に持っている、だからそれは一つの大きな舟団のようなものではないかと思う。それも日本という国家を背負って立つ巨大な舟団である。

　旗艦の艦橋に立ち舵を握っていて、舟の方向を定めるのは外務大臣であり、一部の中枢の上級官僚たちであるが、その動力は巨大なエンジンや大きなスクリューではなく、太古の奴隷舟のように、下部の組織でオールを漕ぐ一人一人の外交官の力に頼って進んでいるのだと思う。

　その一人一人の漕ぐオールの力の合わさったベクトルの方向に向かって舟は進む。舟団は絶え間なく大海を航海し続けなければならない、人類の歴史というものが常に流れつつある以上、絶え間なく進み続けるのである。世界の時間の流れと同じくして、同じ所に留まっていることはあり得ないのだ。

　我々外交官というものの仕事が減ってゆき、ましてや閑職となり、そのようなものは不必要だと言われる時代となったとしたら、それは日本国いや世界にとって、更に人類にとってなんと幸せなことであろう。しかし、残念なことに今の世界はそちらの方向には向かっていないのだろう。中国、中東、東欧、アフリカ、中南米、例を挙げて特記することは無礼かもしれないが騒乱の火種は世界中において尽きることなく生まれ続けている。到底埋めることのできないほどの貧富の差を生み衰退しつつある資本主義国と強大な権力を中央に集め世界を制覇しようとする社会主義国が変貌しつつ覇権主義となり、何時誰か愚かな権力者の暴挙によって繁栄を極めた人類と言う生物が終焉の時を迎えることがあるとしたら、これらの火種を発端として全てが焼き尽くされてしまうという時が来るのではないかという恐怖すら感じる。

人類はなぜこうも争いを好むのであろうか、不幸な争いは今も止むことなく続き弱き者たちが迫害されている。そんな中にあって、公正な目と良識を持ちかつ相手に対しても謙譲の意識を持った我々日本人の心の本質は稀有で得難いものとなっているように思う。正直世界にとって日本人の持つ良識、日本の外交上の責務はどんどん増え続けているといってよいだろう。

日本は過去の歴史において数多くの戦争を経験して不敗神話の如き幻想を抱き、そして最後に完敗した、原爆の一撃を被った、そして「永久に戦争をすることを放棄した」。その荒廃の中から見事に立ち上がりつつ、その復興の最中でこのように崇高な憲法理念を掲げた国がどこにあるだろうか。日本人は世界というものに対してもっともっと誇りを持って良い、口に出した約束を守る人々、決して嘘をつかない国。それによって今面と向かっている問題で直接的損失を被ることもあるかもしれない。けだし外交上の利益を優先し一人勝ちするということも決して行わない。

優しい日本の人々の心や良心を根底にして、外交手腕とは日本人の心の本質に根差したものでなければならないと思う。

日本は大きな国である。人口1億2千7百万人の人が暮らしている、海外に在住する日本人ですら131万人だ。戦争を放棄すると憲法に謳う素晴らしい理念を持った国、それが今混乱の続く世界において果たすべき役割、何かを為すべきとしたなら今以外には無い。

言わば私はその大きな舟に乗って、最も最前線たる在外公館（大使館）においてひたすら一本のオールを漕ぎ続けてきた。

23歳で入省して以来、息つく暇もなくあっという間の40年だった。

そしてその40年間は実に幸運であったと思う。全世界には約200の在外公館（大使館、総領事館、代表部、駐在官事務所等々）があるが、その2割近くの公館では常に内戦やら、災害やらの緊急事態が生じていて、困難な状況に見舞われている。そのような状況下で日夜働き続けている日本人や同胞が多数いるのである。私は幸運にもそのような危機的状況に遭遇することもなく、無事9ヶ国、延べ28年にわたる在外での生活を終えた。その時代を象徴するようなドラマチックな出来事にも、歴史に残るような瞬間にも遭遇せずに過ごした。

いいようによっては外交官としてはまったく平凡に業務を全うして来たといっていい。官房要員として常に黒子に徹して勤めて来た。

だからといって、恥じ入るつもりもないし、誇るつもりもない。ただただ、私の接してきた世界というものが平和裏に移り来たこと、今私がこうして普通に生活を送れていることの幸運を感謝するのみである。これはドラマチックな冒険物語ではなく、栄達出世の物語でもない、一平凡な外交官が任地での非日常的なことを記録したものであります。

ただ私のその航海の中で、在外公館すなわち大使館という場所で出会った沢山の魅力的な人々、ローカル・スタッフの方々、優秀でタフな日本の外交官、また諸外国の個性に富み愉快な外交官の人達、この思い出に残った、忘れえぬ人たちの事を何より書き残しておきたいと思ったのだ。

外国に行ってその国の中枢をなす人々と交流をすること、或いは交渉を行うこと、これは即ち＝外交活動というものであろうが、そこに至る以前、実際にその国で暮らして生計を立てていて、我々外交官と任国の政府や団体との橋渡しをしてくれる人達、即ち大使館のローカル・スタッフの人達、まず彼らと上手くやってゆくことが出来なければ基本の大使館の業務というものは実行できないであろう。

幸いなことに私の場合は、必ずどこの大使館においても、キー・ポイントになる個性豊かなローカル・スタッフの人物に恵まれ出会うことが出来たのである。

また私のような幸運に恵まれ、稀有な体験そのものと言ってよいようなこの職業が、あまり多くの人達には知られていないこと、誰でもがその職業につくことが出来るものではないと思われていること。

このような職業に興味を持ち世界に打って出てやってみたいと思う若者がいたならば、もっと広く門戸を開放し、多くの若者の働く場所として提供すべきではないだろうか。

今も日夜最前線の在外公館において戦っている同胞らがいる。それにエールを送ると同時に、私の海外生活の中で出会った素晴らしい人達や、このような職業もあること、またそれ等の仕事に従事してみたいという若者たちにとって、何らかの参考になればと願ってこれを書きました。

著者

（1）陽光のポートランドへ

私が初めて在外公館という所に勤務したのは28歳の時、在ポートランド総領事館という所であった。ポートランドは北アメリカ大陸の左の上の方、四角い形をしたオレゴン州の真ん中にあり、州都はセーラムであるが、オレゴン州では一番の大都市である。

それは1982年のことであった。当時は外務省からの在外赴任といっても実際に赴任する人間にとっては結構な大騒動で、まず旅行用の大型のスーツケースを3個、お隣の役所の運輸省の地下の売店に行って調達した。茶、青、ピンクのサムソナイトのスーツケース、役所割引にしてもらっても当時で約10万円、丁度当時の私のひと月分の給与額であった。

悠長な時代でもあったろうか、箱崎のバス・ターミナルを出発してのリムジンバスで成田空港へ向かう時に昼休みの時間を利用して、同じ部署の上司をはじめ大勢の同僚がわざわざ人形町の箱崎のバス・ターミナルまで見送りに来てくれるのである。私を始め若手の館員が在外公館に赴任する時には大抵の場合はそのようにしてくれる習慣があったように思う。

私の所属していた「外務大臣官房在外公館課」という部署はこれら在外公館への物資の補給や営繕業務の窓口を担っている所で、本省のこの課において補給の仕組みや会計法、電信業務などの基本的業務を習得してから所謂「官房要員」として各在外公館に送り込まれるのである。外交官といっても華やかな外交活動や重要な情報を聴取するという業務ではなく部内における雑多な庶務業務が主体で、私の肩書は「三等理事官」と言う格付けであるが、赴任先が大使館ではなく総領事館であるので「副領事」を兼務する、いずれにせよ外務本省から派遣される外交官の中では一番下の格付けである。

箱崎のバス・ターミナルにはバスに乗るため最後上階に上ってゆくエスカレーターがあり「別れの階段」ではないがそこで振り返って手を振るのが最後の雄姿というような慣習があり、私も何十回も同僚を見送り、その際に撮影した友人の写真を沢山持っている。

で、特に感慨というものもないが、最初で最後の一度だけ、その見送られる側の立場となった訳である。

成田空港では出発前に別に出発ウイングの片隅に小部屋を予約してもらっていた。外務省に出入りのエージェントの「高橋さん」という人が全て手配をしてくれていて、当時外国への航空賃というものは法外に高額なもので、それくらいの便宜は図ってくれていたのである。

そこには母親と継父をはじめ若干名の親族がわざわざ成田空港まで見送りに来てくれていた。出発するのは私、妻と1歳になる長女の三人で、スーツケースを持って移動する時には役立つだろうからと言って私の母が薄茶色をした子供の負ぶい紐を渡してくれた。

その時はあまりに沢山の人との別れを惜しんでばかりいたこと、やはり初めての海外赴任ということもあり、種々の出発までのもろもろの事は例の「高橋さん」に全てお任せをしていたので、ともかく飛行機に乗ってからほっとしたというのが実感で、色々な他の事は殆ど私の記憶にはない。

搭乗したノースウェスト機の機内では子供用の替えおむつも既に手配がされていると聞いていたのだが、米国人のスチュワーデスさんとの会話は中々言葉（英語）が通じない。乗客の方の誰かが「ダイバー」という言葉を教えてくれてようやく片が付いた。紙おむつは英語でダイバーと言うのであった。

アンカレッジを経由して夜が明けた頃に米国西海岸のワシントン州のシアトルに到着した。

シアトルではシアトル総領事館のＩ副領事がわざわざ空港のロビーで出迎えてくれ

て、乗り継ぎの手伝いをしてくれた。これも特別な扱いに違いないが丁度隣の総領事館において全く同じ官房要員としての仕事をすることになるので、宜しくという意味もあったようだ。真昼の明るいシアトルの飛行場でタコマ富士と言われる雪山を見ながら何時間か共に過ごしてくれて、心細さというものすら感ぜずに過ごすことができた。

何しろこの時の私は海外行き飛行機に乗るのは二度目、家族みな揃って海外へ旅行するというのはまさに初めての旅であったから。

拙い予備知識として持っていたのは、アメリカ合衆国に初めて入国する際は入国査証官が「Well came to United State of America」と声を掛けてくれると聞いていたのだが、残念ながらその言葉を聞くことは無かった。なぜかというと空港ではポートランド日本人会の方々、それにポートランド日系人会長で空港内の土産物店を経営している上野さん、武士・ガーデンというレストランのオーナーまで、ポートランドに住む名立たる方々が総出で出迎えをしてくれていたのである。

私は何もわからないままに、紹介された人たちと握手をし、名刺を貰い、頭を下げていたのだが、その中から、

「おー、赤子がおるぞ、赤子を背負ってきておるぞ！」

と歓声ともつかない声が上がった。皆が方々から集まってきて妻に負ぶわれている

8ヶ月の長女を覗き込んで喜んでいるのだ。

妻が母に言われた通り、長女を背負って飛行機から降りてきたからであり、その姿が何か日系移民の人達、日系二世の人達の過去からの思い出の琴線に触れたのだと思う。もっとも皆が世話をしてくれたので、負ぶい紐で子供を背負って両手が開いたからと言って荷物を持つ必要もなかったのであるが。

オレゴン州に今住んでいる日本人とそれを継いでいる日系人の人達、彼らの今日の栄達は一朝一夕に得られたものではない。遠く日本から移住してきて、数多くの辛酸をなめてきた人達だからこそ、この負ぶい紐に背負われた赤ん坊の姿に痛く感慨を得たのだと思う、まったく思いもよらない温かい出迎えであった。

その後、空港での出迎えは総領事館の橋本領事と、ポートランドでの私の盟友とでもいうべき現地スタッフの「モリオ」こと豊島守男さんが手伝ってくれて、ベストウエスタン・モーテルというところへ無事チェックインを済ませた。

アメリカでは相当に裕福な階層の人達こそ一流ホテルというものに宿泊するが、一般的な人達は車で旅行する時などに宿泊するモーター・イン即ちモーテルを利用する。安価で清潔でホテルのボーイに荷物を渡してそれに支払うチップなども不要だ、荷物は自分で運べばよいと、非常に合理的に考えているのだと思う。

その夜に必要なものがあるだろうからと、前任の朝子副領事がモーテルからすぐ近くのスーパーマーケットに案内してくれた。夜のアメリカのスーパーマーケットというものは、映画やテレビでは見たことがあるのだが、広大な広さのマーケットは閑散として殆ど人気のない明るい食品売り場にはありとあらゆるものが大量に積まれて並んでいる。けれどほとんど人影はなく、異様なくらい明るく白い蛍光灯に照らされた無人のフロアーは一種不思議な光景であった。黄色い色のコーンの缶詰や野菜、ジュースなどの缶や瓶がそれこそ何百何千と棚に積まれて迷路の壁のように行く手を塞いでいる。それにしてもなんという商品の量だろうか、人々の数も広さも明らかに違うアメリカという国、初めて着いた晩に、真昼のような明るさの中でのこの不思議な光景は今も忘れない。

そして、アメリカ合衆国に初めて到着した時には必ず"Well came to United States of America"と言われると聞いていたのだが、実際にその言葉を聞いたのは意外な所であった。

勤務先からの帰り道、前任の朝子副領事から引き継いだ車はフォード・サンダーバードという大きな車で、全長が5メートル以上、エンジンの排気量が5600ccある。ガソリンを満タンにすると約30ガロン（約90ℓ）入るので前任の朝子さんは週に数度10ドルずつ（10ガロンちょっと＝約40ℓ）を入れていたというのだが。通勤が数日目の帰り道でもうガソリンが切れかかっていることに気が付いたのだ。

ついでにこのサンダーバードの名誉のため付け加えておくと、5メートル以上の全長も、2メートルの車幅もここアメリカにおいてはその大きさが気になるということは全く無かった。大手のスーパーマーケットはモールと言って、その駐車場は途方もなく広く、引かれた白線に沿って斜めに乗り入れて斜めに出て行く、縦列駐車やハンドルの切り返しなどというみみっちい事は一切せずに市内を車は縦横に走れるのである。但しその図体と重さからか燃費はせいぜいリッター当たり4キロから5キロくらいしか持たないのだ。

途中の道でガソリンスタンドの明かりを見つけてホウホウの体で滑り込む、すると気のよさそうな金髪の若者が出てきて驚いたような顔で、

「この車どうしたんだい？」

と聞く。

「先日、前任者から買ったんだ」

と言うと、

「知っているよ、いつも10ドルの〝Asako〟だろ、彼は転勤になったのか？　で何処へ行ったんだ」

「オマーンという王国だ、ミドルイーストの」

と言うと目を丸くして、

「ミドルイースト?」

と天を仰いで驚いた様子だった。

私が車を発進させようとしたとき、彼が帽子を取って右手を差し出してきて、

「ジョンだ、Well came to United States of America」

と言って、片目をつむったのだった。

1980年代といってもアメリカはまだ健在であり、日本という島国に優先すること10年は先に進んでいたと言ってよいであろう。まだまだ輝けるアメリカはそこに確実に存在していたのだ。

アメリカで暮らすということ、たとえポートランドという田舎町に近い場所で生活を始めるということでも、人々の裕福さと寛大さ、毎日を暮らして生きていることの余裕と労働に対する愛情、それは日本で日々の暮らしに追われて汲々と生活しているサラリーマンとは好対照であり、明らかに自由で闊達なもの、街も人々も生き生きと輝いている場所であったということは間違いがなかった。

（2）ポートランド日本国総領事館

ポートランド総領事館はポートランド市街のほぼ中心にあって、航空機か何かで俯瞰してみれば、白色で市の中心に一極高く聳え立っている建物「ファーストインターステイツ・ビルディング」の24階に位置している。同じ24階のフロアーには幾つかのテナントが入居していて、アメリカの保険会社、日本商社の「東洋綿花」、「食糧庁出張事務所」そして我が日本国総領事館である。

総領事館のオフィスは高層ビル24階の眺望の良いところにあり、館員四人とマーク職員の個室の大きな窓からは其々にウイラメット川支流に発展した美しい街並みか、北方シアトルの方角に雪を被った山並みが見え、素晴らしく良い景観を得ていた。

私の業務する会計執務室も素晴らしい眺望が開けているのではあるが、残念なことにその奥にある電信、文書事務室は窓越しに外からは見えないよう遮断されており、日中はもっぱらそこで業務を行っており景観を見ながら仕事ができるような時間は日に何分もないのだ。

日本から派遣されている館員は西方総領事、久保田領事、橋本領事と私の四人だけで、あとの現地職員はまず総領事秘書兼儀典の「アヤ職員」、領事補佐の日本人男性「鈴木さん」、庶務運転手兼会計補佐兼領事補佐の「モリオ」さん。庶務兼受付、電話交換も行う「タマラ」さん。

この他に「マーク」ちゃんと言って高級クラークが一名。館長車運転手の「ディック」までが総領事館事務所のメンバーで、車で20分ほどかかるポートランド市郊外の総領事公邸には庭師の「来栖」さん、お手伝いの「沼田」さん。必要な時だけ勤務する公邸料理人の「浜田」さんが在籍していた。恐らく日本国総領事館という看板を掲げている在外公館の中では最小規模の公館という事である。

職務で言うとトップは西方総領事、次席館員兼経済、総務担当の久保田領事、文化広報と文字通り領事事務を行う橋本領事、そしてその他の残りすべてを担当（会計、電信、文書、領事副、庶務、営繕、その他諸々）するのが私＝島田副領事ということになり、日本の外務省から派遣されてきているのはこの四人だけである。

西方正直総領事は60歳を目前にした温厚な人で、私が外務省に入る時は人事課にいて面接試験の面接官を担当していた。

私が外務省の試験において面接官の前で最後の質問として「英語でまた会いましょうと言って下さい」と、やや、カマをかけたような質問をしてくれたのでよく覚えて

いる。後日西方総領事にそのことを尋ねたことがあるが、

「そうだったかな？　よく覚えていないな」

とだけ答えた。でもそのことは彼一流のテレ隠しであったのかもしれない。その名の通りに極めて真面目で誠実な良い方であった。

次席の久保田さんは豪放磊落な人で、総領事が在籍していない時に呼ぶ名は「ダディ」総領事夫人のことを「マミー」と呼んでいた。これは総領事夫人と総領事がお互いに対して会話する時の呼び方なのである。外務本省時代から多くの部下の職員達に人気があり、通称「クボシン」と呼ばれていた。彼を慕って親派の若い職員さん達のグループがあるとすら聞いたことがある。初めて私が彼の部屋に挨拶に行った時は、業務で使う新聞切り抜き用の大きな鉄鋏で鼻毛を切っていた。急に私が入室したものだから瞬間驚いて、

「イテッ」

と小さな声を上げた。それで面白い人だなと思った。

何事につけてその人の特性を見抜くのが早く、モリオさんのことを言う時には「また、あのモリオが何かしでかしたか！」というように嬉しそうに揶揄するのが常であった。私に対しても最初から「シマちゃん」とちゃん付けで呼んでいて、冗談は言っても他で揶揄するようなことは無く、この人は人をよく見ているのだと感じたも

のだ。

この総領事館に在籍する四人の外交官の中で所謂「キャリア外交官（上級職）」というのは彼だけであるが、外交官試験（上級職）での入省ではなく途中で成績優秀により上級職に登用された人であった（外務省ではその辺の身分上の格差というものが厳然とあり、例えば自衛隊が司令官以下、将校、下士官、兵隊とピラミッド型の組織を形成しているのと同じである）。

「外務省の偉い人達はどうしていつもあんな風に怒鳴るのだろうね」

と口癖のように言っていた。彼はそれなりにキャリア官僚同士での軋轢の中で働いてきたのだろう。それについては私もなるほどと思い当たることが多々ある。

橋本領事は私と同じように初級職で外務省に入り、それこそ朝の雑巾がけから始まって「外務省雇」という身分から勤めてきた、いわゆる叩き上げで仕事の面では経験豊富で何でも知っていた。ただ、たった四人の在外公館の北米勤務という意味でご家族の夫人と長男、長女の四人家族で暮らし、家族揃っての米国ということ、この地で在外生活を楽しもうという風であり、仕事面では領事事務を専門的に担当し、片手間で文化・広報の業務。他の業務に関しては少し身を引いているのかなという感じがしている。

総領事秘書と兼任して儀典を担当している「アヤさん」は日系二世の短髪丸顔で利

発な女性だ。年齢は50歳くらい、秘書としての職業については相当な経歴を有しているのだが、いつも快活多弁で、

「アメリカの人というのはバイス・プレジデントというのは皆もの凄く偉い人だと思おているの、バイスと付いているからだけで。なぜなら普通の人はプレジデントなんかに会ったことがないから。だからポートランドで総領事館の『副領事』はバイス・コンサルだから、バイスが付いているので、それで皆が総領事館では一番偉い人と思おているの」

と不思議なアクセントの日本語で私に教えてくれた。当時の西海岸の日系二世夫人の典型的な人だと言ったら良いだろうか、いつもそんな風にアメリカ的なおおらかさと余裕のある人であった。

もう一人女性がいて、三十代で金髪で長身のタマラさん。僕はいかにもアメリカの女性らしいと思っていたのだが、実は彼女の先祖はノルウェー、ワイオミング州に移住してきたノルウェーの移住民が先祖であった。実際にアメリカの人々の人種は雑多で、いろいろの風体の人たちが集合して生きる多民族国家なのだろう。数人で街を歩いている学生の集団を見ると、大抵の場合は黒人、金髪の女性、小柄なアジア人、メキシカン、太って大きな白人など、様々な人種の人達が混じりあい揃って歩いているようにも思える。

あともう一人の現地職員は「マークちゃん」といって、いわゆるアメリカの経済情勢や内政選挙、新聞論調などを分析するコンサルタント的役目で30歳前後の若い優秀な男性がいた。米国人ではあるがユダヤ系の人だということを聞いた。

他のローカル・スタッフとは一段扱いが違っていて高級クラークという立場で、彼一人だけはローカル・スタッフとして本官同様個室で勤務をしていた。その日によって気分の上下喜怒哀楽が激しく、気持ちが塞いでいる時に部屋のドアは常に閉じられていた。そんな風にムラはあるが非常に優秀な人物で、その後総領事館を退職したあと、ナイキの副社長として日本に駐在をしたのだと聞いた。夫人は「さゆり」さんという若い日本人女性で、時々我々総領事館の仕事の手伝いや館員の家族に対しても親切に色々な事を教えてくれて、橋本領事の娘さんの家庭教師などもしていた。

領事事務の窓口業務は現地の米国人女性と結婚している鈴木職員で、以前はコダックのカメラショップで働いていたそうで、毎日ショップの終業時にキャッシャーのお金を集計するのだそうだが、それが毎日きちんと合っているのは日本人の彼だけで、毎日なぜ合うのかと皆に不思議がられていたそうな。正確な英語もできて誠実で几帳面な人柄、まさに領事担当の職員にうってつけであった。その領事事務のうち日本人関連の一部と国籍関係についてのみが豊島職員（モリオさん）の担当であった。彼はこの他にも私の庶務業務補佐と館用車の運転手も兼ねているので、必ずしも領事窓口にじっと座っているわけではなかった。

館長車の運転手は「ディック」さんといって、元船乗りセーラーで米国人らしく頑強そのもの体付をしていて日本語を片言に話す。夫人が「もも」ちゃんと言って日本人の女性であった。

総領事館の事務所の職員はこれだけで五人、このほかに総領事公邸に三人、庭師をしている来栖さん、庭師と言ってもアメリカの郊外にある高級な個人の邸宅はかなり広大なものが多く、ポートランド総領事公邸も敷地で２０００平方メートル以上、建物は平屋で５００平方メートルくらいあったろうか。

総領事公邸は町を離れること車で20分程、高級住宅地は何処でもそうであるように四角に区画された住宅地域ではなく地形に沿って曲がりくねった道から奥に入りこんだ林の中の開けた台形の土地で、コの字型に建てられた平屋の建物があった。どの部屋からも芝生の広々とした内庭が見え、パーティなどを行うホールには障子戸を模した引き戸が設置され陽光を取り入れた明るい建物であった。屋根は現地の木材を使った檜皮葺き、壁は赤レンガで、取り囲む木々の風景にもマッチしていて、至極落ち着いた建物に見えた。そこでゆったりと暮らす総領事と夫人（ダディとマミー）はいかにも仲睦まじく、幸せそうに見えたものだ。

庭師の来栖さん自身は造園業を営んでおりその会社の経営者でもあった。来栖さん自身が公邸の庭の手入れをするというよりは、彼の会社の従業員が手配され、庭木の手配や清掃の雑務を行っていた。

家政婦をしている沼田さんは60歳近くの年配だがよく働き気が利く正にお手伝いさん然とした人で、一人で公邸の切り盛りをしていた。それと公邸料理人の浜田さん。但し、浜田さんとの契約は少し変わっていて、浜田さん自身は市内にある和食の「膳」という料理店を経営していて総領事公邸での公的会食が行われる時にだけ特別に調理をしにやって来るという形態をとっていた。

日本から派遣されている外交官が四人、現地採用のローカル・スタッフが九人の規模で、いわば日本の総領事館としては最小規模に近く、アットホームかつ小家族のような総領事館であった。

このアメリカの西海岸のオレゴンというおおらかな土地で暮らす日本にゆかりのある人たちと一緒に仕事をするという事。何時でも相手の目を見て親身になって相談してくれる人たちがいること、それはごく普通の事には違いないのだが、あの東京での毎日とは全く別の世界に暮らしているようだった。

（3）モリオさん

私が初めて日本国の在外公館（総領事館）という所で勤務をすることになり、その直前までは東京の満員の地下鉄で毎日押し合い圧し合い通勤していた、ごく一般的なサラリーマン生活の日々から、家のドアを開けて自家用車（それも巨大なアメ車）を運転し事務所の地下駐車場に着き、エレベーターで24階のオフィスへと通勤する。

それが私の日常や生活環境にとって一体どのような意味、変化をもたらすのかということについて、全く想像することとすらせずに、ともかくアメリカという国へやって来てしまい、本来戸惑っている筈の所に、突然私の目の前に現れたのがモリオさんだった。

盟友、親友、師匠、恩師、或いはマブダチ、そのどの言葉もが当てはまらないのであろう、彼は典型的なコテコテの関西人で、恐らくはこの総領事館の職場でこうして出会うことが無ければ、一生涯言葉を交わすことすらなかったろうと思う。

私の在外勤務の実績などをひけらかすつもりなど毛頭もないが、その土地土地で私をサポートしてくれたローカル・スタッフ、現地職員の皆様方、まあ当然と言えば当然なのだがプアな語学力しかなくても、私がこれだけの仕事を為し遂げたのは、私にはない才能、語学力を駆使して交渉事の仲介を本当にいとも簡単にやり遂げてくれた人達、そういう現地職員の人の助けがあってこそ私は仕事を為すことが出来たのだと今でも思っている。

ポートランドに到着した最初の週末、総領事館は完全に土曜、日曜は休館であり私はとりあえず仮住まいとして入居したアパートの前で、まず何をしたかと言うと、前任者の朝子さんから引継いだ巨大なFORD THANDERBIRDという車を洗車することだった。

その車は、物凄く汚れていたからだ。官房館員の交代と言うのは会計業務のみならず電信、文書らの業務に加え家や家具の引継ぎもあり、5日間ほどあった引継ぎ交代の期間も恐ろしく短く感じ忙しいもので、彼としても車を綺麗にするというだけの余裕すら無かったのだろう。その休日は他にこれと言ってやることもなく、まずそれを綺麗にしてみたかったのだ。バケツの水とスーパーで買ってきた洗車グッズとスポンジで巨大なボディを洗っていた。その最中に突然後ろから声をかけられた。

「きれいな車ですね」

木の階段に腰を掛けて寄りかかり、まるでアメリカ西部劇映画の冒頭のカーボーイがやって来るシーンのように現れた、それがモリオさんだった。

彼は空港でも出迎えをしてくれていたし、ある程度の説明は受けていたのだが、その実この週末着任したばかりの私の様子が気になってわざわざ見に来てくれたのであった。それから近所の日系人のやっているパン屋さん（日本に近い味の食パンやアンパンが売っているのであった。アメリカのものはそれとして、やはり日本人が好む食材というのはポートランドにおいても日系二世や日系人の間でも珍重されているのだ）に連れて行ってくれたり、近所の巨大なショッピングモールなどを早速案内してくれた。

「モリオ！」とみんなからは呼ばれていたが、本名は豊島守男、私より一つ年上の昭和27年生まれ。長身痩躯で関西の大学を出て弁護士になる勉強をしていたのだが、それがどういうわけかアメリカに渡り、語学の習得と共にメアリーさんというチャーミングな金髪の現地の女性と結婚してエイミーちゃんという1歳の女の子が生まれたばかりであった。総領事館に雇われてからもまだ一年足らずで、その前はポートランド市内にある大手日本食料品店「安全」で魚売り場の担当、魚を捌いて刺身にして販売する仕事をしていたのだという。

総領事館での担当は領事補佐と会計庶務兼館用車の運転手で、普段は領事受付にいて日本人関係の領事業務、私の会計の諸務業務の手伝いと、館員が出かける時は館用車の運転手にも早変わりする多忙な業務だ。

彼の持ち前の陽気な性格と、話好きなことを考えると、あまり館内にいて事務処理を黙々とこなすというタイプでないことはすぐにもわかった。

領事担当の橋本領事からは、

「もっと集中して事務処理を行うように」

と時々お説教を受けていた。そんな時にも襟を正すというか、スッと背筋を伸ばし真顔になって、

「いや、これは、本当に勉強になります」

と、本人は素直に反省していたが、また翌日に同様のミスを犯すことも多く、この辺目指していた弁護士という職業が彼の適性に必ずしも合っていたものかどうかは判らない。

その語学力を駆使して私の殆ど不得手な点、いわゆる銀行回りやビルの賃貸契約の交渉事などの際には間に入っても凄く活躍をしてくれたのだ。

ある時、久保田領事と私がモリオさんの運転する館用車で空港に急ぎ向かっている事があった。多分我が国の政府要人か何かの空港での乗り継ぎ支援のため、空港でアテンドする業務であったろうと思う。

ハイウェイで前を走っている車が故意に進路を塞いでいて、追い越し車線をゆっくり走っているようなことがあった。明らかに我々の車を先行させまいと妨害をしてい

るのだった。

その時モリオさんは幅寄せをした車の間に入るふりをして逆側から加速して一気に抜き去ってから、窓から中指を突き立てて得意げに合図を送り、ハハハと笑った。

同乗していた久保田領事が、

「このモリオが、大使館の車でそんな品の無い走りをして！　オレゴン州政府から呼び出されるぞ」

と呆れて笑いながら言った。

モリオさんはそんな時に、ナーバスになったりはしない、これこそ関西人の面目躍如といった感じで、

「はっはっは、ほれ、ほれ、ほれ見てみぃ！」

と相手方のドライバーへ中指を突き立て（アメリカ人がハイウェイなどで相手を威嚇する時にすることがある決して上品な行為ではない）、まさに大得意なのであった。

※

到着当初のとりあえずの我々の住居は前任者朝子理事官のアパートで十分と考えていたのだが、実は若いカップル向きのアパートであり子供がいる場合は借りることが出来ないという契約内容になっていたのだ。アメリカの子供でも当たり前だが千差万別で、確かに元気の良い野球やバスケットボールなんかやっている男の子のいる家は

大変で、部屋の壁などが酷く傷んでいたりするものだから、我が家はまだ1歳になったばかりの女の子であり交渉の余地はあったのだが、モリオさんが自分の住んでいる家の近く、ビーバートンという隣町にデュープレックスといって、二軒長屋（建物は二階建ての一軒家であるが中で仕切られていて玄関が別々の方向に二つある）を探し出してきてくれた。住宅街の区切られた敷地の中で角地にあり日当たりも良い。しかも所有者（大家さん）が裏に住んでいて、庭木の手入れ、芝刈り、電球の切れなども交換してくれるという。

これは、いわばオーナーが払っている住宅ローンの半分を負担するという目的で、外国人や日本の駐在員などが借りてくれたら大助かりだということであった。モリオさんはアメリカ人であれば自分で住宅ローンを組んだ方が税制上のメリットがあるからだと説明してくれてから、眉を顰め少し低い声になって、実は一つだけ大きな問題があると言った。それは、実は、

「オーナーのボブ・ジョンソンはゲイの男性である」

ということだった。

なんだかそんなこと、我々日本人にとって、特に我々夫妻にはあまりピンとこず切実な問題ではないように感じたので、可笑しかったのだ、だがそれをモリオさんは真顔で心配をしてくれていた。そのこともあってやはり何か面白い人だなと思ったものだ。

時々やって来る出張者や来訪者によっては折角アメリカに来たのだから、夜の町や歓楽街を案内してほしいと希望する客人もたまにはあるものだが。モリオさんはそんな時に夜の街をアテンドするのが嬉しく、一層張り切っていたような気がする。

ただし、ポートランドは北米でも自然に恵まれた片田舎の都市であり、ごく普通の小都市のアメリカ人の暮らしがあるに過ぎない。だから、歓楽街と言っても大したものではないし、特別に面白い何かがあるわけでもない。ただ、年に一度サーカスの一団がやって来る季節があり、その頃になるとモリオさんは特別に張り切ったものだった。

それは、サーカス団の家族となっている若い女性たちがアルバイトを兼ねて歓楽街で女給をしたりバーで踊ったり（いわゆるストリップである）するので、ポートランドの夜の商売をする女性達の質が一気にぐんと上がるという理由からだった。

モリオさんは鼻からメガネをずらして、それは可愛い子が沢山増えるんだと力説した。彼はアメリカ人らしい「ノビタケの姉ちゃん」という言葉をよく口にしたが、それは「伸びたタケノコのような大柄なアメリカ女性」という意味で、それらは彼の美的価値観からは除外されているようなのであった。

その頃からもう一つ、久保田領事に教えてもらって、私とモリオさんはほぼ同時期にゴルフを始めた。日本と違ってゴルフは北米ではごく普通の人達がする手軽なスポーツのひとつで、日本国内では高価なアメリカ製のクラブもバーゲンの時期や品物を選べば格安で売っていた。ボールなどもロスト・ボールといってゴルフ場で拾われた中古品など束で格安に売られていて、その当時で10ドル位のものを一袋買えば一年分位不自由をすることは無かった。

久保田さんの住んでいる官有宿舎の近くイーストモーランドという非常に美しい公園の中にもパブリック（メンバーでなくとも一般人ならだれでも料金を払えばプレーが出来る）のゴルフ・コースがあって先ずはそこのドライヴィング・レンジで練習を始めた。大きい籠一つがＵＳ＄１・００、百発位の球が入っていて真剣に二籠打てばそれだけで一時間以上中身の濃い練習ができるのだが、パブリックのコースで１ラウンドしてＵＳ＄２・５０だから少し練習したらコースに出て実践した方が初心者にとっては手っ取り早い上達方法なのであった。

一緒に始めたゴルフ練習であったが、モリオさんには一つハンディキャップがあって、フェイフィバーといって、今でいう花粉症の走りで、春先のコースに出るとくしゃみと、アレルギーで目が腫れ上がり満足なプレーが出来ないのであった。

ポートランドのゴルフ・コースはどこも美しい緑に囲まれた所にあり、春先になれば様々な花々が咲き乱れ鮮やかな新緑の芝と、この世のものとは思えない。その美しさは例えようもないほどなのであるが、花粉症の人には過酷で、ついには腰にも腫物ができてモリオさんは途中でゴルフからは脱落してしまった。

　最初は彼の方がむしろ熱心ですらあったのだが、

「もう完全に差がついてしまった」

　と言って、きっぱりとゴルフを辞めてしまったのだ。ただ後から気が付くと腰にできた腫物というのは彼の担いでいたゴルフバッグの背が当たって擦過傷になっていたというだけの事で、慌て者らしい彼の全くの早とちりであり、そのことも何か思い出すと愉快ですらある。

　ある日、ワシントンの大使館から電報がきて、当時の駐米大使、大河原大使がここポートランドへやって来て、そのスピーチ原稿を下見した時にモリオさんはやはり、メガネをずらして感激し「His excellency」なんてタイトルが名前につく偉い人物がポートランドに来るなんて！「ハア凄い、凄い」と感激していた。すぐそばに西方総領事もいたのでなんだかそれは微妙な雰囲気になっていた。

　アメ車、格好の良い前任者から格安で譲り受けたサンダーバードであったが走行距離が10万マイル（16万キロメートル）を越えて、街のまん中の交差点で突然エンジンがストップしてしまったり、エンジンが止まると今度は踏んでいたパーキング・ブレーキが解除できなくて立ち往生してしまう、というようなトラブルが続いたこと。それと妻が運転するにはやはり大きすぎるため、住んでいるビーバートンにあるホンダのディーラーで車を買い替えることにした。下取りにあたり私がボディを磨いて綺麗にしていたせいか、セールスマンはＵＳ＄１５００という下取り値を付けてくれて交渉は上手く行くかに見えたが、最後に引取りの時になって店の店頭でディーラーの店主が出てきて車のボンネットを開けエンジンの音を聞きながら、店主は早口の英語で沢山の事を叫ぶように言って店内に引き上げてしまった。

　モリオさんは私に向かって通訳してくれて、

「今社長が、俺ならこんな車にＵＳ＄１５００ドルなんて買値は絶対に付けないと悪態をついていました」

　と言ってから、

「心配はいりません、アメリカは契約社会ですから、一旦約束したことは必ず守ってもらいます」

　と断言して、店の中に乗り込んでいって有無を言わさずに契約を取り付けてくれた。そういったことに対しては全くものおじをしない、もう既にアメリカ人に近くなっている人でもあった。

※

　そうして私がポートランドを離任して何年か経ってから、モリオさんから手紙を貰った。私や久保田領事、それに橋本領事も転勤になり、何か総領事館の仕事にも目が覚めてしまったというのである。

それで彼は総領事館と同じビルに小さな一室を借り上げ、日本人向けに「翻訳兼萬請負、揉め事何でも解決します」というような会社を立ち上げたという話を聞いた。もちろん総領事館の業務はやめてしまったのだろうが、まさに彼にうってつけの仕事ではないかと想像ができた。

そうして私が本省に勤務している時、モリオさんと最後に会ったのは今から20年も以前になるであろうか。

彼から突然連絡があり、電話であったか、手紙であったか、メールであったかはもう記憶にない。ただ、彼がオレゴン州の広報関係の仕事を手伝っていて、オレゴン州では日本人向けの英作文の募集をしていて、それに当選した人は州のグリーン・カード（永住権に次ぐような資格＝アメリカに移住することが出来る）を得られるというもので、確か四谷か何かで行われるその表彰式に招待されたのだった。

痩身で長身、黒縁の眼鏡、その時のモリオさんの姿はあまり変わってはいなかったけれど、やはり彼も忙しい立場にいるのか、あまり時間が無く昔話に花が咲くことも、ポートランド時代のお礼を言うこともできなかったことが心残りであった。

その時日本で官僚として役所務めをしている私の、いわば染みついてしまった役人臭さと尊大な態度を、彼なりに敏感に感じ取ってしまったのかもしれない。

今思えば各国、各地の大使館、総領事館を勤務してみて、やはりそれぞれの場所で一番印象に残っていることがある。

けれども、三十数年前ポートランドで初めて在勤した時の思い出はやはり「モリオ」さんとの出会い、ドタバタの毎日を一緒に過ごしていたことだ。まるで漫才のコンビの相方で、常にボケ役を務めてもらっていたことを、今さらながらありがとうと思い返す事がある。

（4）八面六臂

アメリカは西海岸、オレゴン州の瀟洒な小都市ポートランドに位置する一際高い白亜の高層ビルディング「ファーストインターステイト」の24階にある総領事館に勤務していると言えばいかにも優雅で最先端のオフィス勤務という感じがするが、いざ蓋を開けてみるとなかなかに忙しく、片時座っている間をも惜しむような職場であった。館員、本省から派遣されて来ている所謂外交官は皆それぞれに執務室＝個室を割り当てられていて、その室内も整然と整理されていて瀟洒で静かなオフィスでの勤務という感じがするが、私にはそれが実は三部屋もあるのだ。

私の担当していた業務は「電信」「会計」「文書」「領事副」という四つの業務である。一番手前の部屋が会計担当のいかにもそれらしい事務室、その奥が文書室と言って外交行嚢（外務本省と在外公館間でやり取りする公文書が厳封の上封入されている極秘の袋で、その丈夫な布製の濃緑色のバッグの中身については全てが秘匿とされ、外交団のみが持つ特権があり、たとえ米国政府と言えどもその中身について関与することは出来ない）を受けたり送ったりするための作業をする部屋、その奥が通信室でそこには館員の中でも任命されたものしか入室することは許されていない。暗号に携わる機器やそのシステムを外部の人の目に触れさせないためである。

前任の朝子副領事がそうであったが、朝一番通信室の機械を立ち上げるのにまず両手に唾をして（実際はそのようなふりをするだけであったが）、気合を入れてから儀式よろしく各種のスイッチ類をマニュアルに則り電源を入れ次々と立ちあげて行くのである。

毎朝役所には一番乗りをし、二重のセキュリティドアを開錠し、アラームの機能をオフにする、この鍵は外務省からきている職員しかもっていないから、ローカル・スタッフの出勤してくる以前に出勤して必ず行う必要がある。

それから館内の廊下を回って、不審なことなどが無いか確認して、一番奥の執務室の扉を開けてみると執務机の脇には大きな打ち出された紙テープの山が出来ている。これは昨晩一晩に届いていたテレックスマシンから受信された外務本省若しくは他公館から届いた電報なのである。その紙テープの束を切らないように抱きかかえ奥の通信室へと入る。そして細かく丸い穴の撃ち抜かれているその紙テープの端から頭の部分を見つけ出し印字機にかけて行く。その印字機は鉄製の塊で輪転機のような機械であるが、丁度昔の機織り機の如く電源を入れると、

「ドッタン、バッタン、ドッタン、バッタン」

と言うようなテンポで漢字を一字ずつ打ち出して行く。

その印字機は2台があるのでテレックスの紙テープの途中で切り離しておき、機械にかければ自動的にA４用紙1枚分の電報文面が印字される、但し1枚が印刷されると自動的に機械が止まるので、印字紙を切り取ってから再スタートのスイッチを入れなければならない。紙テープの束を端から2本を機械に流し込み、機械がそれを食べながら、消化してゆくようにも見える。

昔テレビで放送されていた「底抜け脱線ゲーム」というのをご存知であろうか？鉄道模型の機関車の先頭に針を取り付けて、丸い線路を模型の機関車が走っている、途中に鉄橋があってその上に風船が乗っており、芸能人が何かゲーム（和服から洋装に着替えるのを手伝うとか）をしながら、風船を持ち上げ針の付いた機関車を通り過ぎさせては、ゲームに戻るというもので、要するに1分に一度は他の業務をしながら働くというながら的な業務で、印字機を度々動かしつつ、それと同時に昨日夜の発電案と浄書して印字したものをファイルに収めて回覧する。そうして今朝本省から来た来雷の件名を記帳し回覧に回す、ここまで通常であれば1時間から2時間、その間に受付兼務のタマラさんが郵便物をざっと籠一杯私の執務机の上に置いておいてくれる。但しこれは通常の朝の話で、半年に一度ワシントンで行われる経済対策閣僚会議の時などはワシントンの米大使館（ポートランド総領事館の親公館となる）からの電報が届くときはテレックスマシンが稼働しっぱなしの量で紙テープが出力され続けるので夕方近くまで電信業務に拘束されることもある。また、本省から来る「極秘」という指定の電報では別の手法が必要になり暗号解読作業を行う必要があり、この方法は今でも外交上の極秘に類するものなので詳細な説明は省くがひと手間二手間、手間がかかる。まあそれは要領さえ覚えれば機械で処置されるものであるが、中には手書き暗号という種類のものもあり、手書きで暗号を翻訳するようなものだが、暇な時なら言葉のパズルのようなもので面白くもあるが、忙しい時に何か本省から来るものは作業手順を担当電信官が忘れていないか追加試験のテストをされているようなものもある。

かくして、できるだけ早く電信業務を切り上げて手紙類の開封作業に向かう。これは、各種請求書、銀行からのバランス、返送されてきた領収書、その他のものに仕分けして分からないものや請求額に心当たりのないものはアヤさん、タマラさんに電話で聞いてもらう。当時のアメリカでは意外なことに郵便社会で、封筒に入れた小切手があちこちに飛び交い商いを行っていた。その一ヶ月分の経理が毎月銀行からのステートメントと共にキャンセル・チェック（使用済みの小切手）が送られてくるのである。

そして、支払いの必要な請求書について額面の小切手を作成し、昔のキャッシャーのような機械でガシャリと小切手用紙に穴をあける、それは金額が印刷されると同時に金額欄に細かい穴をあけて金額欄の訂正が出来ないようにするものだ。一日平均20枚程度の小切手を作成したら請求書と共にクリップでまとめ総領事決裁にあげる。

そのころには、回覧していた今日の来電が帰って来るので会計、文書、領事の自分の担当箇所を通読する。この中に担当業務の訓令があれば早速にもそれに取り掛かり業務する必要があるが、それはさて置きその頃にはとうに昼時になっている。

兎も角お昼に行く、これはたいてい館内の上司が誘ってくれる。無論総領事や領事が日本人会の集会やら、商工会の会議の外交活動で留守の時は残った者だけで行く。通常昼時のダウンタウン内の移動の市営バスは無料になっているのだ。バスで行って、「ブッシュ・ガーデン」「膳レストラン」「湖南酒家」などで食事をして歩いて帰ってくる。しかし忙しい時には総領事館ビルの裏手の坂を上がってすぐの「金華小館」という中華料理店があり、大手の商社の人達はこの店のことを「猫飯屋」と呼んでいた。メニューは百種類以上の料理があり、飽きるようなことはまずないが、大抵のものは中華米のぱさぱさとしたご飯の上に料理が餡掛け風に上にぶっかけてある丼物で、短時間で食べて帰るにはうってつけなのである。

さて昼から戻り、それからはやっと本業の会計事務である、支払いを済ませて帰ってきた領収書、証拠書類を台紙に張り付け、カーボン紙で2枚刷りの大きな帳簿に記帳してゆくのである、これもよほど領収日付の順序に注意していないと順番が前後してしまい場合によっては、一頁を全て書き直しということになるので、各科目ごと整理しておいて一気に書き込むということになる。ただ、私はこの作業が好きで、時間のある時には率先して、会計経理の整理を行う。幸か不幸かこの作業を面倒だと思ったことは一度もない。自分の家の家計簿などは一度も付けたことが無いのであるが、昔からこういった作業、特に端から升目を埋めて行くような作業は得意なのであった。少し専門的なことになるが、会計事務のうち昨年度残額の歳入処理という作業がある。これは前渡金と言って外務本省の支出官（この場合は外務本省会計課長ということになる）が在外公館の資金前渡官吏（この場合は総領事）に予算を前渡ししていて昨年度中に支出せず残った金額は国庫（日本銀行）に返納するため日本銀行あて小切手を作成するのであるが、小切手は1枚でも、その内訳はおおよそ20科目ぐらいはあるであろうか、それについては特に定まった書式がないのであるが、小切手に添付する同じくらい（日本の千円札のお札くらいか）の大きさの証明用紙、その余白部分にその内訳を記入するという作業がある。小さな字で殆どの余白を埋め尽くすような作業であるが、実はこの作業は私の最も得意とするところで、極端に言えば米粒に字を書くというような類の作業である。無論間違いは許されず（そもそも訂正印を押すようなスペースがない）、これをほぼ同じ字の大きさで揃えて記入し、完成した時の達成感と、その見事さが好きなのであった。

そのほかにも週に一度行う必要のある作業があり、これは文書事務といって毎週「外交行嚢」というものを受領し開梱、その逆に外務本省あての外交行嚢を発送するという業務がある。この中には外務大臣から総領事あてに出された公信（外務大臣の朱色の公印が押されている）が入っていてそれは正式の公文書であり、大臣から総領事に宛てたものなので「です、ます」調は使わずに、「業務の遂行に留意ありたい」とか「右請訓申し上げる」など特殊な言い回しのものが入っている。これらも本省勤務時代の4年間に公信の起案もみっちりと身に付けていたので、規則に則って回答案を起案する。また、これらの管理、登録、保存を行う必要もある。

もう一つはここ、ポートランド総領事館だけの仕事で、ビルの同じ階の一角に食糧庁の出張駐在事務所があり、木曜日の夜にはテンダーといって加工前の小麦の卸売り価格（時価）を一覧表にしたものを在外公館から打電し外務省を通じ農水省あてに電報で報告する必要がある。日頃から仲良くしてもらっている商社の若手の人達もその商社としての業務はランバー（木材）と小麦のいずれかを商売としているのであって、とても大切な業務だということは認識してくれていた。若い商社の人達からも決して上面だけの敬意のようなものでなく、こういった業務を通じ実際に信頼を得ていたものだと思う。ただし、この作業は食糧庁の現地雇で働いている「Yさん」という日本人女性が来て（夫君はやはり日系のランバー関係の会社に勤めていた）、テレックス機械を操って紙テープに表の形に打ち込む特殊な作業で相当な技術が要った。普通にタイプすれば箇条書きにはなるが作表の形態はとれない、そこで、改行とスペースを巧みに調整して一本の紙テープから作表するのである。それは見事なもので、テレックスマシンにかけて印字して見るまでは思い通りになっているかどうかはまるで判断はつかないのである。その日はそれが終わってから総領事館発の電報（これは久保田領事の北米、ポートランドでの社会情勢の報告電、橋本領事の査証発給経伺電などで、原案は手書きのものを和文タイプのような「漢テレ」という機械で浄書し紙テープに変換する）を発電して、本省（因みに外務本省通信課というのは24時間体制で勤務している）から受信ＯＫのサインが返ってくればその日の業務は終了である。

そんな風にして雑多な仕事を一人で切り盛りをしていて、非常に多忙ではあるが、充実していてやりがいのある職場で、日々をむしろ楽しんで過ごしていたと思う。若い年代の時にこれらの四つの業務を集中してやったことが今後の勤務でも大いに役立つこととなるのである。「外交官」といっても本来の「外交」という業務ではないが、たった一人の「官房要員」として八面六臂の働きをしていた。その達成感と充実した毎日を幸せだと感じ過ごしていたのである。

（5）ネーバフット

モリオさんが見つけてきてくれた、ビーバートンというポートランド市街からは15キロほど離れた隣町のデュープレックス（二軒長屋）で暮らすようになってから、私や妻は初めて「ネーバフット」という言葉の意味をより深く理解するようになった。日本語で言えば「お隣さん」であるが、おおらかなアメリカの比較的に裕福な住宅街の人々、それこそネーバフットと隣同士に住んで暮らすようになってみて、突然海の向こうからやって来た日本人に対して好奇の目を向けるどころか、江戸時代の江戸の長屋暮らしのような人情や親切に接することとなるのである。

果たして現代のアメリカは、オレゴン州の片田舎の町は今でもあんな風におおらかな人々が集う所のままであろうか、それはもう私ら家族とは遥か無縁のものになってしまっているものなのだが。

まず、我が家の裏側は大家さんのボブ・ジョンソンの家、最初は彼自身が芝刈りなどをしてくれていたのだが、隣人が庭先をうろうろするのは気が散るだろうと言って、彼は自分の家も含めて一段高くなっている庭一帯をバークといって茶色の木の皮で覆う工事をしてくれた。芝生も良いものであるが、濃い茶色のバークが敷き詰められているのも、それなりに落ち着いた雰囲気がありなかなか美しい庭先になった。

彼は40歳を少し過ぎたくらいの独身で、綺麗な金髪の頭は少し禿げ上がってはいたが、当時のポルシェ914というスポーツカーを所持していて、時々若いボーイフレンドがやって来ていて、庭の掃除などを一緒に手伝っている時があった。

通りを挟んでお向かいはドンとリンダという我々よりは少し年配の夫妻が住んでいて我が家の娘と同い年2歳のハロルドという男の子が一人いた。我々と同じ年齢の子供さんなのだから、かなりの晩婚ということになる。リンダは近所の小学校の教師で我々を見かけるといつも元気に車の窓から手を振って挨拶してくれた。丁寧にゆっくりと我々にも理解しやすい易しい英語で何か困ったことはないかと話しかけてくれて常に親切であった。

彼女の通勤に使う愛車は古い水色のフォルクスワーゲン・ビートルで、マフラーがもう傷んでいるのか勇ましい空冷のエンジン音を響かせて元気よく走りまわっていた。夫のドンはセールスマンをしていて、時折長期の出張に出ているようであった。アメリカ人としても大柄なドンは根っから気の優しい大男で、趣味は意外にも切手収集、日本の切手もそのコレクションの中にあり、小さなその1枚ずつを大事そうに見せてくれた。ハイスクール時代まではベースボールすなわち野球をやっていたそうで、ポジジョンはキャッチャー、なんとあの日本のプロ野球チームのヤクルトで活躍したロジャー（彼は学生時代ピッチャーだったらしい）とバッテリーを組んでいたのだそうだ。いつ出会っても彼は人の良さそうな笑顔で話しかけてくれて心優しい人間だと感じさせる、いかにもアメリカの善良なる市民であった。

我々は外交官という仕事柄、夫妻でパーティなどに呼ばれ、夜に外出するということも偶にあった。オレゴン州では子供を夜一人で置き去りにすることは法律でも禁じられていた。そこでベビーシッターを頼むということになるのだが、日本人の女性にお願いすることも出来たのだが、道路を挟んだだけのお向かいの住宅におあつらえ向きの丁度12歳になったばかり、歯の矯正をしているシャノンという可愛い少女がおり（アメリカでこのくらいの年齢の少女は大抵歯の矯正をしていて、笑うと矯正の銀色の針金が見える。マクドナルドとかファーストフード店でも若い店員の子は皆そうなので、最初は少しびっくりすることがある）、真っ先にそこに頼んでみることにした。

彼女の母親は、

「それは彼女（シャノン）にとって、とても大切で良いことだ」

と大いに賛同してくれて、非常に喜び、却ってお礼を言われてしまった。

果たして一番最初にベビーシッターをお願いしたその晩、シャノンと玩具で暫くは機嫌よく遊んでいた長女の香澄（2歳）であったが、我々夫妻が背広とドレスに着替えて会場に向かうという気配を察したのか、出発の直前に急にぽかんとした目つきになり、我々が玄関のドアを閉めて外へ出た数秒後に、

「ウー、ワ～ン！　ウー、ワ～ン！」

と物凄い泣き声が上がった。シャノンにも申し訳ないが我々は後ろ髪を引かれる思いで会場に向かったものだった。

長女がちょうど3歳になった頃、親子三人で前庭のベンチでくつろいでいたのだが、よたよたと長女がつい立のような垣根の裏に歩いて行ったかと思うと、何か口に入れモグモグさせながら戻ってきた。心配なので様子を見るとサクランボの種を一つ口から吐き出した。それなら心配はいらないと思っていると、また走り出して垣根の裏の方へ行ってしまう。

そうして戻ってくるとまた口の中にサクランボが入っている。それならと試しにプラスチック製のザルを持たせてみた。そうしたらサクランボを一杯ザルに入れて戻ってきた。私達両親はビックリしたが、裏の方で楽しそうな笑い声が上がっていた。

それは小さな女の子がやって来たのを見つけて、ご近所の人が悪戯のようにして粋な計らいをしてくれたのだった。

そんな風に、オレゴンの田舎町には、おおらかなアメリカの風が吹いていた。あの界隈は今も昔のままにあるのであろうか。

ビーバートンは隣町であったが、ごく近所には日本人駐在員の家族が多数住んでいて、その頃に知り合った我が家の長女と丁度同じ位の子供のいる家庭、兼松江商の津々見さん、東洋綿花の小林さん、伊藤忠の宇都宮さん、日本通運の太田さんなどは40年経った今でも妻は付き合いを続けている。年恰好も丁度私と同年代であった彼らであるが、当時の日本から来ている若手の商社マンは時差をものともせず、早朝から夜まで働き、更に週末には土日ゴルフコースに出て、タフな働きぶりであった。週末のゴルフにも物凄く熱心でよく誘ってもらった。

それなりの活躍の舞台が与えられていて、かつ対価の収入も得ていたからなのだろうが、日本の勤務時間に合わせて早朝から深夜まで実にエネルギッシュによく働いていた。当時ポートランドには大手の五大商社以下多数の商社や個人経営の日系企業が進出していて、まさに華やかかりし頃で、全てが輝いているかのように見えたものだった。

(6) ポートランドあれこれ

今思い出してみると、2年と3ヶ月とそれほど長い期間では無かったが勤務地が北米ということはそれなりに文化的で安穏とした幸せな時を過ごしていられたのだと思う。

オレゴン州では最大の都市ポートランドであるが、様々なレストランが市内各所に点在していた。ニューヨークやサンフランシスコ、ロスアンゼルスそういった大都会ではないのにもかかわらず多種多様なレストランなどが充実していたのは、それはやはり1980年代当時のアメリカの人々の豊かな生活の裏返しではないかと言う気がしている。

ポートランド空港の側にあった「天津」という中華レストラン、実は日本人女性が経営者で、日本の何処の町にもあるようなごく和風に近い中華料理を提供してくれていたので重宝していたのだ。そこで一つ面白いことがあった。会計検査院一行がポートランドを訪れた時に、お堅い検査院の方々、その随行をしていた外務省会計課の室長が実はそこの女店主とは旧知の間柄で、お堅い役所の人達とは思えない面を見せた

ことがある。実は東京の役所勤めのアト、一杯寄り道した水商売の顧客であったことを暴露して、

「あ～ら、し～さん、なあに～やっちゃん」

と言うような会話で、いい大人たちが真昼から再会の話に盛り上がっていたのを見て、実のところ日本人というものの同胞意識、それに世の中案外に狭いもので外地での再会と言うのもまた格別で、そんな縁というのも中々不思議なものだなと感じたものだった。

総領事館のビルの裏手から坂道を2ブロックくらい上がってゆくと「猫飯屋」とM商事会社の人達が名付けている中華料理店があった。正式の名前は「金華小館」と言う名で、メニューが百種類以上あり、そのほとんどが炊いた中華米の上に餡掛けのような食材が載っているため、まるで「猫のご飯」のようだということになっていた。牛肉、豚肉、鶏肉、魚、卵、ありとあらゆる具材を中華風に調理してご飯の上に掛けてあるので、選択肢が多くあり毎日食べても飽きることがなかったし、注文してから直ぐにできるので短時間に一人で昼食を済ますには打ってつけであった。値段も2ドル50セントから5ドルくらいまでで、今で言っても300円～500円位のものであろうか、これまた酷く安価であった。その店は薄緑色に塗られた木造の大きな平屋で実は入り口が二か所あった。中華食堂は表側半分で、その裏側ガラス越しにサロンの

ような広間があり、そこを通過しても中華料理店内に入ることが出来たのだ。そちらの入り口から入ると軽くすえたような匂いと共に、その中でじっと動かないような老人たち5、6人が揺り椅子に黙って座っているのだった。白人特有のまっ白い肌でまるで蝋人形のように固まって動かなかったことを覚えている。禿げた頭に大きな施術の跡が残っている老人や、フードを被っていて顔は見えないが真っ白い手袋のような両手が膝の上に載って全く身じろぎもしないような老夫人たちである。そこは彼らの終の棲家たる老人ホームの表玄関なのであった。自由と崇高の豊かなる国アメリカにおける別の面、平和で豊かな人生を送っていてもいつか終焉の時は訪れる、老人たちの静かなる最期と言うものを垣間見た気がしたものだ。

我々日本総領事館の家族においては、ほぼ週に一度は訪れていたのが「コリアン・ハウス」という韓国料理店で、全ての客席で12席くらいか。平屋の普通の民家のような小さな店で、ポートランドのダウンタウンには近いがごく庶民的な住宅街の一角に、李さん夫妻とオレゴニアン紙に勤務している息子さんの三人でやっている韓国料理店だった。私の記憶の中ではこの店で食べたブルコギ（骨付き焼肉）以上の美味しい焼肉を生涯未だに食べたことが無い。李さんは元は在京、東京の韓国大使館の現地職員をしていた経歴の持ち主で、何故か我々日本国総領事館の職員や家族に対してはことのほか親切であった。一時期日本の軽井沢で焼肉店を出していたことがあり、その頃には焼肉のタレの瓶詰め（リンゴと梨の果肉を入れたものが秘伝だという）を販売していたそうで、E食品の焼肉のタレが大ヒットする何年も以前の事であったという。奥さんが日本人ということもあったのか他の韓国人コミュニティとは一線を画して、すなわち他の韓国の人達とはあまり仲が良くなかったようである。

李さんは気骨のある韓国の人で、第二次世界大戦の終戦時も日本にいて敗戦の苦渋を経験していたはずなのだが、殆どその時の事には触れず、戦後すぐの頃見た「笠木シズ子」彼女の登場したレビューは生涯忘れることが出来ないくらい衝撃的だったということをいつも語っていた。

アメリカの食事の中でまず一番に美味しいものと言えば言わずと知れた肉厚のステーキが考えられるが、たいていのステーキハウス店にその付け合わせとして置いてある「A1ソース」というのが私には全く馴染めず、何か人工的な味がしてひどく不味いと感じるのである。むしろそれなら付けない方がましな位で、塩コショウだけで十分。時には醤油を持参して掛けて楽しんでいた。当時ポートランドにあまり高級な料理店というのは無く、Tボーンステーキ（T型の骨付きでかなり肉厚のステーキ）を食べて一番なのは、プログレスというゴルフ場のレストランの物が味、料、値段とも一番であったのを記憶している。ゴルフ場のレストランというのは実は結構な穴場で、一ラウンドプレーした後に冷えたビールとつまみにフライドポテトというのもあるが、オニオンフライという手もあって、巨大な玉ネギをスライスして揚げてあって、大皿に山盛りになってプレー後の4人で食べても食べきれず、それで1ドルか2ドルという値段だった。街中のレストランで食事をするよりもプレイヤーが帰った後のパブリックのゴルフ場のレストランで会食をするということが実は穴場的なもので、たいていの場合がゴルフ場関係者のだれか奥さんが名物シェフとして自ら家庭の味で調理をしており、遥かに安価で快適であった。

お昼、時間の無い時によく利用したのがダウンタウンにある行列のできるようなサンドウィッチを専門にしている店があり、そこは持ち帰り専門店で、挟んでくれる具材を英語でスラスラ言えるのは達人のようなネイティブのアメリカンで、マクドナルドの窓口でそんな早口言葉でオーダーするコンテストがテレビCMで放映されていたくらいだった。

その店で私が後ろの方でドギマギしているといつも親切に声をかけてくれて、要領よく好みの具材で作って渡してくれるのである。そういえばどんなに混雑している時でも、後ろの方で待っている私に向かって、

「サー」

と言って名指しで声をかけてくれたりする店員がいるのだ。それをモリオさんに告げたら、それはあすこの店員は皆ゲイの男性ばかりであり、そのうちサンドウィッチ

の包みに電話番号が挟まれてくるかもしれないから、用心するようにと真顔で脅かされてしまった。

ポートランドの市内ではダウンタウンを運行する市バスは昼休みには無料になるという、親切かつ便利な制度があって、週に数度は館員でバスを利用して食事に出かけることがあった。バスで数ブロック坂を下がってから、市内中心地にいずれも日本人が経営している「武士ガーデン」や「膳レストラン」の立派な日本レストランに直ぐ向かえるのである。それらレストランの経営者の方々は日系人ではある意味で事業に成功した人達で、羽振りも良くポートランド市においても名士として活躍していた。

それは頼もしくもあり羨ましいとも思う反面、一応成功はしているが、無論それほど裕福でもない日本人や日系二世で中小のお店をやっている人たちも沢山いて、パン屋さん、小さな自動車の修理工場、クリーニング店、床屋さんなど日系人のコミュニティが出来上がっており、紹介の店を渡り歩くだけで、全く英語を話さずに生活の全てが事足りて暮らして行けるのである。いずれの皆さんも陽気で仲が良く、

「何か困ったことがあれば、いつでも相談してください」

と気軽に声をかけてくれるのであった。

私が渡米していたころに丁度NHKの大河ドラマ「山河燃ゆ」（松本幸四郎主演、原作は山崎豊子の「二つの祖国」）が日本から2週間遅れ程でテレビ放映されていた。

そのドラマの中でまさに日本から渡米して小商いをしていた日本人一世の「三船敏郎」演ずるクリーニング店の店主が、太平洋戦争勃発の余波を受け一般市民から迫害を受け、店が襲撃されるシーンや捕虜収容所に収監される場面があり、ここポートランドは元より、ロスアンゼルス、サンフランシスコ、サクラメントなどの多数移住している日本人や日系人の多く住む都市ではコミュニティの中で毎週毎週涙を流さんばかりの大激論と大騒動になったことがある。ある意味でそれは実体験に根差しており、人々にあの時代の辛い思い出を呼び覚ますこととなり、あまりの反響の凄さにＮＨＫの判断で北米放送に限りテレビ放映が途中で打ち切られるという、大騒動となってしまう事件があった。

町の北ノース地区には電器店の集中する地区があり、そこにはやはり日系人の経営する大きな電気器具店があり、日本人、日系人、米国人問わず修理等で優秀な技術を持つその店を利用していた。日本人のやる仕事は家電の販売でも、クリーニングでも誠実で手を抜かず信頼が出来るということは、今ではアメリカ中の誰もが知っていることなのである。

その横に中華街があり、飲茶レストランが数件並んでいた。これは所謂華僑たちがアメリカ西海岸、北はバンクーバーから、シアトル、ポートランド、サンフランシスコ、ロスに至るまで定着していたことによる恩恵であり、中国人が好んでする風習、即ち皆で集まってお茶を飲みながらお昼を食べるという風習は日本人のみならず米国人にも大いに受け入れられたという証で、賑やかな大広間でワイワイとワゴンで運ばれてくる小皿を突っつくという、極めてまれで幸せな空間を提供してくれていた。しかもそれは驚くほど安価なのである。

毎年5月30日はアメリカの一大イベントたるメモリアル・ディ（注）で、日本人、日系人にとっても欠かすことのできない重要な行事であった。彼らは兵士として主にヨーロッパ戦線においてドイツ軍と戦ったのであるが、日本そのものではないが不幸にも日本軍とは真っ向から銃口を向け合う敵国なのであった。

ポートランドでなぜ日本国総領事館の副領事の知名度が高く、重鎮されていたのかというと、それはメモリアル・ディの行事の折に、英霊の墓碑に毎年花輪を捧げるという役割を任っていたからである。

祖国たる日本と銃口を交えざるを得なかった彼らの思いは複雑であり、失った息子や兄弟の英霊に祖国日本からやって来た若者が花を手向けてくれるということ自体大きな意味があったのである。しかし、そこはアメリカ気質というものなのか、葬送の儀式の最後にトランペットを吹く「サムの息子」がまだ幼い位の少年で、音を出すのがやっとのことで、ようやく出たら豆腐屋のラッパのような音でしかなく、私は思わず吹き出してしまった。それでも、皆あたたかく声援をかけていた。彼の名誉のため付け加えておくと、二度目に私が献花をした翌年のメモリアル・ディには見事に立派な葬送歌を奏でていた。

ポートランドは位置的にはアメリカの西海岸（本当の海岸線）からは約100キロ以上東方に位置し大河であるコロンビア川から分かれた支流のウィラメット川の三角州の側に川を跨ぐようにして東西に開けた町である、ウィラメット川には巨大な小麦運搬船が黄色い粉末を風に飛び散らせながら行き来し、木材の運搬を含めて海運の利便性と共に開けた町というのが分かるのである。

そんなわけで一度本当の太平洋の対岸、日本から見て太平洋を渡った先の海が見てみたいと思ったのである。だが知っている人は皆口を揃えて、

「コーストに行くなんておよしなさいよ」

と言う。何もないからと言うのである。実際行ってみたところその通りであった。西海岸までは真西に向かう道はなく、北側に大きく迂回して150キロほどの距離を走り着いた先は曇天のせいもあり、まるで人影のない荒涼とした海岸線であった。とても泳ぐ人などいない、ましてやサーファーなどの姿もなく、これが本当にあのサザンオールスターズの「勝手にシンドバット」「チャコの海岸物語」に歌われていて、青春真っ只中の葛藤や恋が渦巻く湘南海岸の対岸になるとは思いもよらぬことであった。寒さと空腹でレストランを探すもなかなか見つからず、やっとのことで見つけた

ドライブインのそこでようやくありついたクラムチャウダーは恐ろしく美味だった。そして、クラムチャウダーにはマンハッタン風トマト味の物とボストン風のクリームソース味の二種類があることを発見したのが唯一の成果であった。

とにかく、アメリカは広い、オレゴンと言う52分の1、たった一つの州であっても手つかずのままのような土地や、荒涼たる平野が至る所に残っているのだ。人々が皆助け合ってこそ、この荒涼とした大自然の中で生きているのである、嘗て西へ西へと向かい街を築いていったフロンティア・スピリットと言うのはこういう所へ向かい暮らして行く勇気の事を指しているのかなと感じたのだった。

（注）戦没将兵追悼記念日。第二次世界大戦以前の戦争で亡くなったアメリカ軍兵士も含めて追悼する日。日本でいえば終戦記念日8月15日に相当するか。

(7) ヒューストン、アトランタ、ニューオリンズ

私にとって僅か2年3ヶ月のポートランド勤務であったが、その中で一度だけアメリカ国内を出張するという機会に恵まれた。

それは即ち四人だけの在外公館であり、私の代替え者という者がそもそもいないためルーティンワークのない時期に限られ、通常業務のない期間即ちクリスマスも間近に控えた年の瀬にしか出張のチャンスは無かったのである。

一度きりの出張であれば、当然親公館のワシントンDCにある駐米日本大使館へ挨拶に行くべきなのであるが、そもそもがクリスマス休暇中なのであり、私は敢えて旧知の人達が勤務している総領事館、即ちヒューストン総領事館、アトランタ総領事館、ニューオリンズ総領事館を目的地として選んだのだった。

まず最初に向かったのはテキサス州のヒューストン、当たり前だがアメリカはとにかく広大で、ポートランドからヒューストンまでの飛行機はまるで長距離バスの停留所のように一時間おきに離着陸を繰り返しながら空港の間を昇ったり降りたりしつつ進んでゆく。飛行機のあまり好きではない私にとって離着陸の度に極度の緊張を強い

られるのだ。それは決して快適なものではなく、それだけ危険度が高くなるような気がしてかなり疲弊した。けれど飛行機の機長は口笛でも吹いているような陽気さで機内放送でしゃべりも滑らか、離着陸は鼻歌まじりなのであった。デンバーの空港に到着するときに機内に流れていたのは「カントリーロード」で機内で一緒に歌っている旅客もいたが、私はその都度わきの下に冷たい汗が滲むのを感じていた。

到着したヒューストンの空港には州の誇りたる銀色の「ローンスター」＝一つ星が掲げられており、古い西部劇では保安官が胸に誇らしげに下げているそれである。まさにアメリカの南部の大都会という様相を呈していた。私にはむしろアメリカンフットボールのダラス・カウボーイズの紋章のようにも見えるのだが。ヒューストン総領事館には同じ在外公館課で勤務したことのある「秋葉副領事」が出迎えてくれて各所を回ってくれた。晴天の下、空港から6車線ぐらいある幅広の環状のハイウエイを走るのはまさにアメリカ大陸を旅しにやって来たと感じさせる瞬間でもある。

秋葉さんは忙しいのにもかかわらず（アメリカの何処の総領事館においても会計担当官と言うのは一名だけの配置であり、こうして私をアテンドしてくれている間にも本来為さねばならない一日分の仕事は確実に累積しているのである。それは実は私も同じなのであるが）、彼はその日の夕刻まで私に付き合ってくれて、夕食のあとホテルまで私を送ってくれる最後の時にちょっとした如何にもアメリカ的なドラマは起きたのだった。

その日はアメリカの南部にとっても何年ぶりかの寒波が訪れている年で夕刻よりかなり気温が下がってきていた。昼間の案内してくれていた時は館用車の立派なセダンであったが、夜のお付き合いに乗せてもらった秋葉さんの自家用車は古い70年代のベージュ色のＦｏｒｄのセダンでフロントグラスに大きな罅が入っていたりした、見た目にも調子のよさそうな車ではなかった。夕暮れの迫る少し郊外の田舎道を走っていた時のこと、不意に中型の犬が飛び出してきて一目散に右から左に道路を横切ったのだ。咄嗟にブレーキをかけて前輪に犬を引っ掛けることはなんとか避けたのだが、突っ伏したその犬の上を通過しようとした最後の瞬間、車の後ろの方の下で何か「ゴトリ」と当たる音がした。

一瞬二人で顔を見合わせたが、こんな時どうすべきか私にも判断がまったく付かなかった。そうして次の信号の所で停車した時に、すぐ後ろについてきた老婦人の運転する車が停車して軽くホーンを鳴らしてからドアを開けて降りて来て、車の窓を叩き
「あなた達さっき犬を轢いたでしょう、すぐに戻って救助なさい！」

とすごい剣幕で言われた。どうしてよいのか判らなかったし、厳しく言われたので仕方無しに我々はＵターンして現場に戻ることにした。だが暫く走り、その現場らしきところに戻ったが、轢かれた犬らしきものの姿は既に無かった。酷く寒い晩で、ア

スファルトの上を１００メートル以上歩いて探したが、血痕らしきものも、衝突の痕跡も何も無かったので、誰か奇特な人が既に救助してくれたのだろうという結論にして、そう都合よく考えることに後ろめたさを感じながらも帰路についた。そうした所、その犬の呪いではないだろうが、暫く行った所で走っている車が急に咳き込んだようになり、前後に揺られ、ついにはエンジンがストップしてしまった。車の前の方からは白煙が出ている。暫くしてエンジンをかけると数百メートルは進むが、また直ぐにもエンジンがストップしてしまう。少し下り坂ではあったが、仕方が無いので秋葉さんがハンドルを握り、私が降りて車を後ろから押して、一番近くの明かりが見える所まで行った。本当に寒い夜ではあったが、相当に息が切れて体は温まった。幸運なことにその灯りはガソリン・スタンドであり、何とかたどり着きボンネットを開けるとものすごい水蒸気で、ようするにこの厳しい寒波で、ラジエーターの水が凍り、エンジンがオーバーヒートを起こしたのだった。秋葉さんの車には不凍液が入っておらず凍結してしまったのだ。スタンドのお兄さんは嬉しそうに笑いながら今日の顛末を聞き、その故障の原因を解説してくれて、酷く自慢げでもありかつ親切でもあった。こんな深夜に親切されたことで少し気持ちも晴れたような気がした。今度は不凍液をしっかりと入れてもらい、ラジエーターのリペアをして、小一時間ガソリン・スタンドに足止めを食らったがなんとかホテルまでたどり着いてベッドに入ることが出来た。

初めて訪れた南部の町で、全て英語と身振りでのやりとりはまるで映画の「アメリカン・グラフィティー」を地で行くようなドタバタの夜であったが、何とかベッドの上で眠ることが出来たのであった。

あくる日、私が向かったのは「ポン友、高田ちゃん」のいるアトランタであった。彼とは私が入省して最初の職場「外務省営繕管理官室」の前任と後任の関係で、二人はそもそも外務事務官として雇われたのであるが、営繕管理官室は外務技官の集団であり若干難しい立場での職場務めであり、同じ境遇を経験したということで入省当時から仲が良かったのである。その時は若干寒気も緩み、南部独特の気候のなか街並みも案内をしてもらった。「風と共に去りぬ」の舞台でもあり、私は「グリッツ」という小麦粉で作ったおかゆのような食べ物や「ポーボウイ」（貧しい子？）というカキフライのサンドウィッチ、南部ならでは食べ物や町で行き違う人達の実にフランクな会話などに感激していた。都市部を離れれば直ぐにも濃い緑の低木の広葉樹の溢れる街並み、湿気を帯びた独特の雰囲気とも満喫していた。その時のアトランタ総領事は股野景親総領事、夫人とともに総領事公邸の明るいプールサイドでご夫婦にご挨拶をしたのだが、その時には予想だにしないこと、その後15年の時を経てスウェーデン大使館において股野大使とも令夫人とも再び邂逅することになるのである。

高田ちゃんはその時点ではまだ独身であったので、彼の家に宿泊したのだがそもそもベッドが二つ無い、そこで次席の辻本領事のご夫人が急遽マットレスと寝具を貸してくれて2泊ほど御厄介になったのだが、その辻本さん一家とはその数年後、オマーンの地で再会を果たすこととなるのである。本当に世の中は狭いというべきか。不思議な縁は続くのであった。

そのアトランタを後にして帰路、私は念願であったニューオリンズに立ち寄ることが出来た。それはまさにクリスマス・イブの夜であり、普通のアメリカ人であれば何より家族と一緒に過ごす時なので、飛行機もホテルもガラガラに空いていた。丁度休暇の時期でもあり高田ちゃんも後からついてきて、ニューオリンズでクリスマスを二人で過ごすことになった。

アメリカの事もたいしては知らない私なのであるが、ルイジアナ州のニューオリンズという町は他のアメリカの町とは明らかに違っていて、私にとっては特別に洒落た町で一度は訪れてみたいと思っていたのだ。歌で言えばアニマルズ、ジョーン・バエズ、ボブ・ディランなどの「朝日の当たる家」が有名であり、娼婦の館があるという風に歌われてはいるが、フレンチクォーターは昔のパリの街角の名残であろうか、独特の街並みやミシシッピ川の景観、一向に暗い雰囲気の場所は無く、それよりも常に音楽が流れ、ジャズとデキシーランド、様々なミュージシャンたちが織り成す南部の華やかな町であった。アメリカ人らしくないという小柄でうねったような黒髪の女性達、それはまるで映画「ジャイアンツ」のエリザベス・テイラーのようにすら見えたのだった。

高田ちゃんが到着する前の日に、ブラスバンドのような縦の大太鼓を抱えたバンドの、ちょっと古いジャズのナンバーをライブで聞いて大いに満足した。その帰り道にふらりと寄った昔の西部劇をそのままに再現したバーでビールを注文したのだが、半裸のカウボーイのような恰好をした金髪の女性は代金に支払った10ドル紙幣を持ったままどこかへ消えてしまった。明らかに彼女は薬物か何かやっていて、目は虚ろで言葉も酷くラリっていたのだった。

まあ、ビールはちゃんと届いていてゆっくりと一杯を飲むことが出来たのだ。釣り銭の事など、クリスマスの電飾が輝く夜のラテンクォーターで、そんなケチなことを気にするような場所ではない、何しろデキシーランド・ジャズの聖地に来ているのである。街角から流れ出している様々のミュージックを楽しみながら店を出てラテンクォーターの夜景を一回りしていたら、

「サー」

と遠くの方から女性に私が呼び止められたのだ？

それはラリッてる例の彼女だった。ラリったままでも彼女が覚えていてお釣りを返しに来たのだった。彼女の手の平から釣り銭のうちコインだけ残して受け取ったら、

例のラリった口調で、

「May God bless you」

「貴方に神のご加護がありますように」

とゆっくり囁いて十字を切った。その口調が耳に残像の様に残ったままだった。それはまるで教会の牧師さんの言葉のように神々しく響いたのだった。一人切りでも実に良いクリスマスの晩を迎えられたという気がした。

翌朝は合流してきた高田ちゃんと、二人で日の当たるサンルームの様なホテルの食堂でブレックファーストを取った。その日はクリスマスディであり、他の客は誰もおらず静かな朝食を話しながらゆっくりと摂った。アメリカに来てからこんな風にのんびりとゆっくり時間を過ごすこと自体が初めてだったかもしれない。

その日の昼にはザリガニを食べて、まあ泥臭いようで美味しいものではなかったが、名所を色々巡ってから、あくる日にはそれぞれの任地に帰ることになったが、その年1983年のアメリカ東部から南部まで押し寄せた寒波の余波で空港機能が麻痺しかかり、フライトは遅れに遅れ、這う這うの体で何とかニューオリンズの空港から飛び立つことが出来た。空に飛び出して上空から見たミシシッピ川の湖面は茶色に濁っていた。

途中一度飛行機を乗り換え、それから数時間眠ってようやく到着したポートランドの上空から見た澄んだ色のウイラメット川の輝きと街並み、そこを小麦を満載した貨物船が行き交っている。それは懐かしい所、故郷のようにすら感じられたものだった。

（8）ポートランドからマスカットへ

そんな風に忙しくはあったが、生活にゆとりをもって物質的にも恵まれてごく普通かつ順調に過ごしていたアメリカ合衆国オレゴン州での暮らしではあったが、早々と着任2年目の暮れ、外務本省人事課からの人事課長発の電報で打診があった。それは、「近く貴官には転勤してもらう予定であるが、それが困難となるような重大な支障或いは特別な事情がありや」

と言う質問であった。

要するに、家族に重病人がいる、或いは本邦残留家族の健康問題等特殊な事情がありますかと問いかけ、そうでなければ必ず異動（転勤してもらいますよ）という通知であった。

私のような官房要員の三種職員の場合、在外公館の勤務期間はその任地での経験も必要なことから長くなる場合が多く、通常なら短くとも3年間である。上級職のキャリア外交官なら2年間前後での転勤ということもままあるが、これは要するに私を欲している、必要としている大使館や在外公館があるのだなと愚かしくも自惚れて早とちりしてしまったのだ。

だから私は辞令には従いますと回答した。不思議なことにその後も都合9回の転勤を繰り返すわけだが、結果的に人事課からの提示を断ったことは一度もなく、役人としてはしごく気骨や主義主張も無い「イエスマン」として今後の勤務、続きの人生を全うすることになるわけである。

それからしばらくして、外務大臣発の辞令の内示を受けたがそれは、

「オマーン王国への転勤を命ず」

というもので、野球で言えば「あっと驚くど真ん中の直球」と言う奴で、ポートランドに来た時と全く同じ「朝子書記官」との交代、2球連続して同じ球が来ての交代なのであった。

外務省の人事においてこういうことはかなり珍しい部類で、すなわち上意(上からの意向)は簡単に受け取る側(下々)に察知されてはならない秘中の秘でなければならず、簡単に予測がついてしまうようではその威厳を保てないのである。

辞令という紙切れ1枚(かなり高級な厚紙で外務大臣名の上に見事な朱印が押されてはいるが)に書かれているたった一行の言葉であるが、それによって実際に移動する者にとっては重大な意味を持つものである。平和なアメリカの片田舎から激動の内戦が必ず何処かで勃発しているような中近東の地へ、今後の自分の運命すら左右し兼

ねないことではあるが、振られたサイコロの目の数だけ前へ進めということなのである。

もとよりそういった、流れと言うか、運と言うようなものにはあえて従おうというのは私の元来の性格的なものであり、きっと朝子さんにも何かの事情があるのだろうと思い、僅か2年3ヶ月に満たない在勤ではあったがその流れに乗ってゆこうと決めた。

私の後任にはエチオピア大使館からN書記官が着任し、引継ぎ期間の1週間は会計の引継ぎ（これは外務本省宛公的文書の作成提出の必要がある）、電信及び文書と、住んでいる家の解約、車の転売等々目の回るような忙しさでアッという間に過ぎた。

外務省の常として不文律の掟のようなものがあり「外国から外国への転勤に際しては直行転勤を旨とする」と大原則が決められており、会計の旅費規程という法律にもそのように定められている。

時間的ゆとりがあれば別だが、その当時の航空機での旅行、直行転勤というものは結構大変な旅で、数多くの異なった航空会社の飛行機を時間的に勘案して上手く乗り継ぐ必要がある。旅慣れていればそれも問題ないであろうが、家族三人分の荷物を持ち、エクセスといって超過荷物料金を支払った上で乗り継いで行かねばならない場合が多いのである。その当時の航空会社というもの同士の連絡も悪く（というより、同じ航空会社同士の乗り継ぎの際には当然便宜を図ってくれるが、別の航空会社となる場合には、その先は別料金なのだから、行った先でご自分で勝手に交渉してくださいｊ、不便なことが多かった。そういうこともあり、たいていの在外公館には「ABC」といって航空会社の使うぶ厚い時刻表のようなものが必ず配備されていた。

子供同士の付き合いもあり、引っ越しの日本通運で事前に調べてもらったところ、我が家の引っ越しに関してはポートランドから船便でオマーンのマスカット港宛てに搬出した荷物はまずアメリカ大陸をトラックで東海岸まで移動し、そこから船で大西洋を横断し、スエズ運河を通過し、アラビア半島を反時計回りに迂回して、全てがまったく順調に行った場合、約3ヶ月をかけてマスカット港に着くのだという。それゆえ当座の必要なものは全て4つの大きなスーツケースと茶箱や段ボール箱7個に取りまとめた大所帯で、飛行機を乗り継いで荷物と共に旅行することとなった。果たしてオマーンとは、マスカットとはどんな土地柄であるのか、殆ど予備知識もないままの出発となった。

我々家族は早朝に借りていた家屋を出てそれからは数日間続く長旅である。

3歳になる長女は他所行きのワンピースを着せられて、小さな旅行鞄やぬいぐるみの人形や宝物全てを抱えて持って終始上機嫌であった。その日の早朝からモリオさんが館用車で迎えに来てくれて、そのまま空港に向かった。天気が良く、晴れ渡った空でこれから離任することが残念なほど気持ちのよい日であった。

まず空港のチェックインで一つ問題が発生した。我々が登場する予定のデルタ航空（アメリカの航空会社）では荷物の個数制限があるとその時になって言われたのである。モリオさんが掛け合ってくれたが先方のチェックイン担当の女性も頑として引かない。そこでモリオさんが憤然と数個の荷物をテープでぐるぐる巻きにして奇妙な形の荷物三つに纏めてくれた。見栄えは悪く相当の物だがそれなら大きさ制限には引っ掛からないという。最後にそんなドタバタがあり、モリオさんとゆっくり挨拶を交わすことも出来なかったのが気掛かりであった。

ともかくそれで我々は、天気の良い朝ポートランドを飛び立ち、祖国日本へ向かうことが出来た。離陸した直後に飛行機が角度を変えてポートランドの市街地とキラキラ光っているウィラメット川が窓から見えた。総領事館のあるファーストインターステイトビルディングが中央に美しく映えていた、まるで絵葉書のような景色であった。

東京に着いて実は1泊2日実家に戻り泊まることが出来た。成田に到着してすぐ乗り継げる便が全く無かったのである。

改めて出発のため、翌日に成田空港に行ってみると大変な人だかりであった、丁度プロ野球の江夏投手がアメリカ大リーグに挑戦するため出発する時で大勢の取材人が詰めかけていた。そんな時、我々の結婚式にも出席してくれたことのある外務省営繕管理官の坂牧さんと空港で偶然出会った。ロシア大使館の新営工事でこれからモスクワへ向かうのだという。憂鬱だと言いつつも、何時もの彼らしく何か少し楽しげでもあり、冗談を言って急な再会も嬉しそうであった。転勤の途次である程度の不安を抑えきれない私にも、いつも余裕のある彼の表情と笑顔になぜか安心を覚えたものである。因みにモスクワのロシア大使館の新営工事計画というのは私が外務省に入省した昭和52年当時には始まっていて、実際に完成したのは平成19年、実に30年間もかかった難工事であった。

我々はＪＡＬ便でシンガポールまで、正直日本の航空会社の安心感、サービスの良さは格段に良いと感じる。それに同乗者は殆どが日本人である、シンガポールまでは日本にいるのと全く同じであった。

シンガポールでは乗り継ぎに約6時間くらいの時間があり、本省時代の会計課の先輩が会計担当官として在勤していたので、派遣員を派遣して市内を少し案内してくれた。今ではこのようなことは許されていないが、当時はまだ悠長な時代であったし、海外に赴く日本人などというも、特に中近東など未開の地に旅する人などは正直おっかなびっくり旅行していたものである。

派遣員さんの手配で約6時間の滞在を終え、最後シンガポールからマスカットへ向かう便のチェックインのカウンターでまたひと悶着があった。

ＢＡブリティッシュ航空のカウンターでビジネスクラスのチェックインをしようとした時、担当の女性からこれはエコノミークラスだから別の席を手配すると通告を受けたのだ（その当時外務省の外交官の転勤旅費は全てフル・フィー＝正規料金を支払っているので間違いが無い筈なのであるが、その当時は赤いカーボン紙で出来た大福帳のようなものが航空チケットであり、アメリカで発行されたそのチケットには購入金額の米ドル貨が記載されているのみで、担当の女性にはその米通貨表示の意味が理解出来なかったのであろう。その後オマーンに到着してから航空会社の間違いであることが判明し料金の差額は返金されたが、それは旅費の不要額として国庫に納付されることになるのである）。

まあ、我々は長旅の途中でもあり、座席はともかく三人が無事マスカットまでフライト出来るのであれば、特に不満はなく機上の人となった。

しかし、この時に始まったＢＡブリティッシュ航空への不信感はこの後オマーンに在勤してからも度々続き、大使館員しいては我々日本人を大いに悩ませることとなるのである。

さて夕刻にシンガポールを飛び立ったＢＡフライトは順調に飛行を続け、途中文字通り宝石のような島、スリランカのコロンボの夜景を下に見て、更に3時間ほど飛行したろうか。

飛行機が高度を下げてゆき、機内アナウンスが、

「マスカット、シーヴ国際空港に間もなく到着する」

と告げた時、窓から見下ろした町は闇の中で光一つなく、オレンジ色に輝く蛇のようにうねった高速道路の街路灯の光が一筋に続いていただけだった。

あとはただただ海も陸も闇の中である。

「ああ、あんな風に道路だけは続いている！」

と思わず呟いてしまった。

そういう感覚がやはり中東＝ミドルイーストという異次元の場所に来てしまったのだという、妙に納得できるような実感が思わず湧いてきたのだった。

（9）マスカット・オマーン

「当機はただいまからマスカット、シーブ国際空港に着陸致します」

というBA（ブリテッシュ・エアー）の機内アナウンスが流れてから、飛行機はぐんぐんと高度を下げて行くが窓から見えるのは真っ黒な光のない世界だけだ。

翼からアルミのフラップがせり出してきた時に、高速道路であろうか蛇のようにうねってオレンジ色の街路灯だけが点々と光るのがまた見えた。ああ自動車の走る道路だけはあるのだと思った。

大都会のシンガポールから、砂漠の国中東オマーンへ。一体どんな所なのだろうか？　何の予備知識もなくその国へ向かっているのだが、不安というのもあまり感じない。しかし、都市の明かりも、民家の明かりもまるで見えやしない。

飛行機は安定した姿勢を保ちながら、「ドン」というショックと共に空港に着陸した。地上に降り立ってからも飛行機はかなりのスピードで滑走路を走り続けた。少し不安になるほど走ってからようやく逆噴射のブレーキをかけて速度を落とした。それゆえに飛行場は相当に広いのであろう。他に飛行機の姿もなく、緑と赤の滑走路の灯りだけを頼りに滑走路の端まで行ってUターンした飛行機は地上の闇の中を進む。

ターミナルのビルとか建物らしきものの明かりは少なく、数年前まで続いていたという内戦の影響なのだろうか。広い滑走路の中程に止まった飛行機にやがてタラップが横付けされ、暫くした後機外に出るとむっとした湿気と暑さにたちまち包まれる。降機する乗客の数もかなり少ないのであろう。貨物と一緒にトロッコのような搬送車両があり、幼い子供連れであった我々は優先的に無蓋のその車に乗せてもらい、ぽつんと灯りの見えている木造の建物の方へと向かった。

検問所のようなその建物に到着すると、すぐ向こう側から前任の「朝子書記官」がひょっこり顔を出した。入国に関しイミグレーションの審査なども簡略したものというか何もなく、入国審査官の顔も見ずにスタンプの押されたパスポートが返ってきた。それから、飛行機から運ばれてきた荷物を要領よく大使館の現地職員らしいインド人ドライバー数人がピックアップするとそのまま四輪駆動のトヨタランドクルーザーに乗り込んだ。

大使館からの手回しをしていたのか、すぐさま飛行場の外へ出て市内に向かって進む。途中河原のような未舗装の所があり、橋の脇から河原へと降り、トヨタのランドクルーザーは揺れながら河原の浅瀬を渡った。さっき飛行機の上から見た立派な高速道路も実はまだ市内へまでは伸びてはいなかったのである。

そして我々はそのままオマーンの日本国大使公邸に到着して、そこに寄宿することになったのである。驚くこともちろんであるが、公邸の主「K大使」は当時出張中で不在であった。いきなり大使公邸宿泊というのは、K大使自身の強い指示によるものだと聞かされた。

しかし、公邸での生活と言ってもゲストルームに簡便なキッチンがあるのみで、食料の調達なども食料品店が高台の大使公邸から歩ける距離にないので、前任の朝子書記官の手を借りざるを得ず、不便極まることこの上ない。

仕事は朝子書記官と一緒に大使館事務所に行って事務諸手続の引継ぎを済ませたが、肝心のK大使とはまだ直に顔を合わせていないので、実際何か落ち着かない気分である。

K大使は四十代後半、48、9歳で特命全権大使に任命された外務省切っての英俊であり、それは当時の外務省員が大使となった最年少記録でもあった。

そして4、5日が経過して公邸の主たるK大使の帰任の時に朝子書記官と私で空港まで迎えに行くことになった。朝子書記官はわざわざ空港にまで出向かずに良いと言ってくれていたのだがあえて空港まで迎えに出ることにした、そしてその時に図らずも私は逆に「虎の尾」を踏んでしまうことになる。

空港まで迎えには行ったが、私はまだ着任して数日しか経っておらず、当然オマーン王国のIDカードを所持しておらず、空港内建物に立ち入ることが出来ないのであった。そこで朝子書記官が大使の迎えのため空港内の出迎エリアに立ち入っている間、私はパキスタンやバングラデシュの労務者で溢れごった返す空港の外の道路脇で待機することとなった。どうやら飛行機の到着も遅れたようで、都合一時間以上私は気温35度くらいの屋外で大使を待つこととなった。着ていたスーツは汗でぐっしょりと濡れ、汗を搾れるくらいであったろうか、私は上着を脱ぎYシャツの腕まくりをしているところに丁度、空港の表の労務者たちの人混の間をかき分けて出てくるK大使とすぐ側で出くわし顔を突き合わせるような格好で目と目が合ってしまったのである。私自身はその場を取り繕うように笑顔にしたつもりであったが、長期出張の疲れもあるのか、大使は強張った表情のママであった。

彼は一瞬驚いた表情を浮かべて、頭の先からつま先まで私を見た。私はその時に一抹の不安、何か、

「グニュ」

と言う感じの、そう虎の尾のようなものを踏んでしまったという何かの予感が確かにあったのだ。一目見て相性のいい人と、その逆の人。

「これは何だという風に一瞬、反発を感じてしまうような瞬間」

面を切ってしまう、そういう巡り合わせというものはままあるのだ、これがその時

なのだった。

大使は一応は挨拶を受けてから、何も言わなくなった。そうして、車内でも無言のまま、何かに怒っていることが私にも分かったが、長期間の出張の疲れもあるのだろう不機嫌な表情のまま公邸に着きそのまま駆け込むように寝室へ入ってしまった。その時、深夜の1時はとうに回っていたと思う。

そうして、その日はそれだけであった。

そうしてあくる日、私は朝子書記官と電信業務のため朝早くに公邸を出たが、妻に子供と一緒に大使の出発前には公邸の玄関で挨拶と見送りをするように言い残して公邸を出た。後で聞いた話だが出勤時の大使は玄関に待機していた妻と長女に一瞥も与えず無言で出勤していったということであった。

私も何かすっきりしないままに、取りあえず前任の朝子書記官との引継ぎに傾注していた（オマーンでの業務も会計、電信、文書、領事副ということで前のポートランド総領事館と変わらない沢山の業務量であった）。

K大使が何を思って不機嫌であるのかということが分かったのはその翌日であった。それは大使が朝子書記官に私の非礼を挙げてその怒りを述べたからだという。一つ目は空港で出迎えの折、上着を着ていなかったこと、それから館長車で先輩の朝子理事官より上座の席、大使の横に座ったこと。妻と長女がどんな深夜でも正装して公邸で大使を出迎えなかったこと等々であった。

「大使は着任当時はすごく良い人であったのだけど、最近少し変になって来たのだよ。そもそも公邸に泊まれと言い出したのは大使だし、あんまり必要以上に気にしないように」

と朝子さんは同情も込めて慰めて言ってくれた。

だが思えば私もある意味で増長し、配慮が足りなかったのだ。ポートランドの総領事館で四つの業務をこなし、既に一人前になったという気がしていたのだ。

K大使はその当時40歳台で大使に任官された、外務省でも一二を争う昇進の速さと、切れ者ということで有名であった。しかも専門語学はフランス語で、フランス語出身の幹部というのは省内でも一番プロトコール面に敏感で神経質、気位の高い人達ということで有名であったのだ。それにいきなり初対面で汗だくの上着を抱えたままで挨拶をしてしまったのだから、まさに虎の尾を踏んでしまったのであろう。

私は翌日大使室へ行って、その非礼を詫びた。そうして、何とか公邸からホテルに転居（脱出）する許可を得た。その時にもう彼の怒りもかなりは収まっていたし、四人しかいない大使館で官房業務を全て請け負っている私と不仲なままでは大使館としての業務にも差しさわりが出ることもよく理解していたのだと思う。客観的に見れば不条理な話かもしれないが私はまだ外務省という組織の何たるかを理解していなかったのだと思う。そうしてこのことは最初のトライアルとして良き教訓でもあった、今後この世界で禄を食み暮らして行くことにもずっと繋がっていることだと思う。

丁度その同時期に大使館の三席館員たる、M書記官も新婚の令夫人とともに英国から着任してきたのだった。彼はいわば外務省のキャリア組、いわゆる上級職の外交官試験に合格して入省し、２年間英国のロンドンで語学力に磨きをかけたエリートであった。

その彼を公邸に滞在させずに、官房館員の私を公邸に滞在させたというのも大使にしては特別な配慮であったのだ。まあ、その期待は見事に裏切られてしまったのであるが。

赴任前私はポートランドからK大使宛てに畏まった形の挨拶状を出していたが、M書記官は挨拶状に類するような連絡も何もせずに赴任して来ていたので、まず最初の大使館で挨拶の時にそれを大使から厳しく咎められていた。彼もフランス語幹部に対する予備知識が不足していたのであった。

だが、常日頃から感じている外務省の上級職の職員というのは何某かの特別な関係、知縁、縁故いわゆるコネクションというものを必ず持っているものであり、それを常時から感じていた。M書記官の着任前には当時の駐韓大使からのかなり厚い書簡が届いていたし、夫人は東南アジアに進出している一流の日本商社支店長さんのご令嬢で、幼少時代を東南アジアの国で過ごし日本人学校に通学していたという。外国語にも堪能な帰国子女であった。

かくゆう、そういうメンバーでオマーン大使館の新体制はスタートすることとなった。私は、取りあえずこのような場合は、無駄な言い訳や、リカバリーのための卑屈に遜ったような行動はとらず、いかに不条理と感じたことであっても取りあえずはただ真面目に、誠実に職務を果たすことだけが唯一の信頼回復方法だと思っていたので、ただひたすらに業務に専念して働くこととした。

K大使は第一頭の良い人であるし、この着任当時の行き違いのまずさには少し反省もしていたのだと思う。

着任して一ヶ月位が経過した休日に、他の国際機関の人、JICAの人達などを交じえて至近の海岸へピクニックを参画し私を誘ってくれたのだ。

しかし、悪循環とでもいうのか、巡り合わせの悪さとでもいうべきか、私は浜辺の浅瀬の岩場で足の裏側を見事に10センチほど切り出血し、中座して急遽病院へ搬送されるという事態になったのである。

まあそれも不思議な事ではあるが、そんなつまらないことだけはよく記憶している。巡り合わせの悪さというもの、そりゃあ人間真剣に生きて働いているときに良いことばかりじゃなくって、そういう間の悪い時って必ずあるものだと思う。

(10) 御巣鷹山

1985年の8月、私はオマーン王国の日本国大使館で懸命になって働いていた。この時期私の人生にとってある意味で最大のピンチを迎えていたのかもしれない。精神的にもどん底に近いような状態に置かれて、それでも何とか働いていると言ったような状況であったといっていい。

その要因のまず一つは、当時のK大使からのプレッシャーであり、かつ大使館員が四人だけの忙しさという状況、それに加え私自身が初めて生活する中東という極めてエキゾチックな土地柄で仕事を為さねばならないという困難さ（因みに私は殆どアラビア語を話すことはもちろん読むこともできない。全てインド人の秘書を介して英語で話すことしか対外的な能力を持ち合わせていなかった）が要因の一つになっているのだった。

着任当初のK大使との軋轢から、私は自分の認識の甘さ、常識の無さを嫌というほど思い知らされていた。私にそれだけの常識がなかったのだから仕方がないのだが。私はそのマイナス分、彼に評価を疑われている分、それを仕事で取り戻そうとして無理をしていた、ある意味で焦っていたのだ。

私は過去に9ヶ国の在勤の経験があるわけだが、その時にはまだ二度目の任地であり、自分の実力も身の程も、まるで分かってはいなかったのだ。

私の経験から新任地に着任の都度必ず思うことだが、周りが全て見えていない状況下で無暗に焦っても、実はなかなか物事上手くは行かないものなのである。これは仕事の上でも、着任当初の家の設営に関して、ソフト・ランディングをすることも一緒なのであるが。中東という土地は気候的にも、物質的にもやって来たばかりの日本人にとっては中々厳しい土地柄なのだと思う。

1年目の仕事ぶりがやっとこさでも、2年目にはずっとスムースに、労力で言えば半分くらいのものであろうか。更に3年目となれば余裕で、しかもさらに工夫を加えることすらできる。人間の学習能力というのは素晴らしいものがあり（しいて言うならば日本人だけに当てはまることかもしれないが）、自分で言うのも何だが本当に目覚ましいものがあると思う。そういった経験を積み重ねることでも心理的には随分と違うものだ。

そうして、その情報は朝一番の公電やロイター通信からもたらされていた。

オマーン王国の首都マスカットと東京では5時間の時差がある。だから朝のミーティングを過ぎてから、昼前にその情報はもたらされた。

それは500人以上が乗り込んだ日航ジャンボ機が行方不明になっているとのニュースがもたらされ、その日の午後に大使館の中では簡単なミーティングが開かれた。行方不明になったといっても飛行機の燃料が3時間半程度だということで恐らく外国にまで飛行することは困難であろうが、万が一に備え全在外公館に宛てて大至急の公電が届いていた。

執務時間中であるから、私は他の仕事、会計や通信の諸作業をしながら、その情報の後を追跡していた。

飛行機が無事でいてほしいという気持ちと、何故か「がんばれ、がんばれ」という気持ちが沸いてきて、身の回りの仕事を続けながらでもその情報に注視していたのだ。

そうして不思議なことに、その情報はなぜか私に勇気を与えてくれた。だめになったままで、特に語学力の足りなさというものに劣等感を抱いていたし、このままではいけないという気持ちが常にあったのは事実だ。だがそこから抜け出せずに、割とうじうじとしていたことに気が付いた。

この事件、JALの123便は何かトラブルを抱えつつも、恐らく混迷しながらも懸命に飛び続けている。どこかで何らかのトラブルに遭遇しながらも懸命に働いている人たち、パイロットをはじめスチュワーデスやクルーの皆が、今の今、空中でトラブルを起こした飛行機の中で必死に働いていて、乗客らを落ち着かせるために自分の心の中はどうあろうとも、自らの生命を顧みることすらせずに、それこそ懸命に業務しているのだろうと感じたのだった。

何故か迷走する飛行機と私の今の境遇を重ね合わせていた。

けれども、その日のうちに続報は何も届かなかった。

大人というものになって、社会という場所に出てから人生において、毎日を社会人として暮らして行く中で、やはり浮き沈みというもの、幸運、不運というものは必ず巡って来るものである。この日本という国ですら一億二千万人という人口を抱えていて、その人たちが毎日真面目に生活というものに取り組んでいるのだから、当然人と人との軋轢や上下関係でプレッシャーを感ずることなどは日常茶飯事に起こり得ることであるが、まさに私はその葛藤の中にいたのだ。

そしてやはり、

「JAL機は群馬県のどこか、山中に墜落した」

という情報がもたらせられたのは深夜になってからであった。私はオマーン大使館の中でも特別に隔離されている通信室の中でその悲報を一番に受け取った。

ああやっぱりという気持ちと西に向かったはずの日航機が見当はずれの群馬県で発見されたということに、むしろ複雑な事情が見て取れて、かえって起こり得る事実であろうと納得が出来たものだった。

翌朝に伝えられて来た結果は無残で残酷なものであった。非常に残念なことではあるが、大きな火災にもならず、神の恵みであろうか奇跡的に四人の生存者がいたということ、それは一途の望みをかけて最後まで戦い続けていたクルー達の意志が奇跡を呼んだものかもしれない。同機に登乗していたという歌手の坂本九さんも、運命的なという点で昭和56年の向田邦子さんの飛行機事故のことを思い起こさせた。

この事件はある意味でビッシッと私を目覚めさせてくれたのだ。こういった不幸な出来事にも私自身が強い気持ちで臨んで行く気概がなければ、何事にもだめだと思った。私が今感じているプレッシャーなどというものがなんとみみっちく、ちっぽけなものであるかを知らせてくれた。今後において私の評価や出世などどうでもよいことではないかと悟らせてくれたのだ。

本当に不幸な事件ではあったが、なぜか私の人生の転機となった、勇気付けられたことを忘れられない出来事であった。

そんなことを、この中東のオマーンという灼熱の砂漠の地で知らされたということも、忘れられない思い出のひとつなのである。

(11) 大使館で一番の貧乏職は次席館員？　会計担当官？

私が着任した当時、オマーンの日本国大使館は大使を含めても四名の館員で働いていると言ったが。実は業務に就き出したすぐの頃から、本来大使館の要である筈の次席館員のS参事官に異変が生じていることが少しずつ明らかになって来た。

S参事官は大きく立派な体格で柔道の高段者でもあった。しかも物腰がすごく柔らかく、目下の者に対しても丁寧な言葉使いで温厚な紳士であった。何より、アラビア語の専門官（外務省では専門的語学を完全に習得している職員に対し『専門官』という官職を与えて処遇していた。けれどもそれは所謂外交官試験に合格した上級職の職員とは明らかに異なり、むしろ第二位の官職という意味合いも含めて用いられていた）であり、正式な特命全権大使たるK大使が着任するまでは臨時代理大使として、オマーン大使館の事務所と大使公邸を整備し、我々の館員宿舎の世話まで手掛けて来ていた。いわば大使館開館業務を成し遂げた最大の功労者なのである。

しかし最近は執務室にいてボーッとしていることなどが多い。大使に急に呼ばれた会議でメモ用紙を持って参上するが、肝心の宿題に出されていた回答すべき案件を全く失念していたりすることがあったりするのだ。

大使館の次席館員というのはいわば登竜門のような立場で、今後最後のポスト（所謂、大使、公館長に就任できるか、できないかの篩に掛けられるポジションなのである）がどのようなものになるかはその出来映え次第というような風潮が外務省という所にはあると思う。その反面、大使の意図を汲みつつも、下の人間からも信頼を得て館務を取り進めていかねばならない、己を殺して調整役を務めなければならない、だから上に昇進するような人は全てこの貧乏な役割を必ず一度は完璧に務めあげなければならないという風な仕組みだ。

もう一つ、S参事官の令夫人はシリアの方であった。無論、今は日本国籍を取得してれっきとした日本人（注）であるが、NHKテレビのアラビア語講座などに出演していたこともある大変美しい人で、まさにアラビアの大使館勤務にはうってつけの人材であったといっていい。それが、参事官そのものが本当に最近はひどく精彩がないと我々ですら感じるのである。ある意味で気候的にも、春先から夏場にかけて続く酷暑、ラマダンなど普通の日本人とは無縁の風習が多々あり、色々な意味で体力気力とも消耗していたのかもしれない。

その当時、外務省の基準で「奨励度」というものがあり、これは勤務条件の悪い国に対して付けられたランク付けで一番環境が劣悪なものが（5）から始まって、軽微な環境等の悪いところが（1）、因みに当時のタイ王国のバンコクが（1）、オマーンのマスカットは（5）であったと記憶している。ただ、オマーンの格付（5）は内戦の終了直後につけられたもので、実際私が着任した直後から内戦終了に伴いインフラの整備が急速に進み、停電や断水と言ったトラブルは減り、生活の水準は格段に良くなった。空港へ向かう高速道路なども全てが開通した。私が2年8ヶ月間の勤務を終えて、転勤を迎えるときにはオマーンの奨励度は（3）に下がっていた。

ある意味でS参事官の場合は、それら勤務の過労がじわじわと体に負荷をかけ、疲労が蓄積されてしまったのかもしれない。

大使館の勤務時間は金曜日を除き土～木の週6日間勤務で、朝8時から午後1時までで、その間大使館は開館している。というより、館が開いているのは領事窓口が開いている時間であって、昼食はとるが午後閉館してからも当然館内ではその他の仕事をしている。特に会計担当官は、午前中に電信の受信を行い、ミーティングがあってほぼ午前中は終わり、午後に明日以降の分の会計業務、支払小切手の作成などを行い、帳簿付け、最後に電信発電（オマーン大使発外務大臣宛）の業務を行って仕事終了となる。ただ、発電電信の重要度によっては発電後のカラ（写し）を大使自身がもう一度見たいということがある（公電信案というのは回覧中にその上司などが赤ペンで大幅な修正を行うので、ゴチャゴチャと入り交り読みずらいこと夥しいもの。それを電信官がいわば電信機械で浄書した上で発電をしている）。そうするとその電信のカラをもって大使公邸のパーティの真っただ中に乗り込んで大使に回覧を行い、確認のサインを貰い、また電信室の金庫に収めるまでが執務時間となる。まあ、硬軟両方使いで大変だけれど私自身は常に遣り甲斐を感じていたし、志高く仕事には取り組んでいた。

ただ、K大使が時々行った、大使館の休日を返上して働くという決定。これは我々職員には非常に評判が悪かった。在外公館の休館日と言うのは実はその国の休日と日本国の休日の中から任意に選択することが出来る（但し上限は日本国内の休日の数（約20日）を上回ることは出来ない）のであるがそのうちオマーン国独自の休日を返上し日本国に合わせて働くという宣言を敢えてするわけである。そうでなくとも週休2日制ではなく金曜日の週に1日しかない休暇である。無論ローカル・スタッフは出勤して来ないから我々日本から来た外交官だけで全ての仕事をするのである。それを「公電」と言う形で誇らしげに全世界（外務本省と他の１８０の大使館や総領事館）宛てに発電し、言わば他の中東駐在の大使館を出し抜いて休日も働いていることをアピールするのである。

本来なら勤務環境、労務管理の観点から次席館員が大使をまず諫め「ご再考」を促さねばならないのであるが、S参事官はそれを言うことが出来ず、逆に我々下の館員たちからは大きく信頼を損なってしまった。

S参事官がひどく精彩を欠いているということは書いたが、その時もう一人専門調査員の福田さんという人の存在があった。彼はS参事官の元気がない場合でもそれを十分補って余りある存在であった。

福田さんは中東調査会と言ってその種の団体の中では日本で一番権威のあるものと言っていい、そこから派遣され、無論アラビア語にも堪能で本業としてはテーマを決めて大使館の勤務期間中、約2年間でレポート、外務省にとって有益となる情報を提出するという名目で在勤しているのであった。けれども、ある意味で状況を心得た人というべきか、広報文化活動とか私の借りている借家の家主との交渉とか、本職以外の場所でも多岐にわたって気軽に手伝ってくれていたものである。そういえば、こんな事件があった。

オマーン王国を取り上げた民放テレビの放送局が来て、テレビ取材をしたのであるが、大使公邸にその取材クルー達が招かれたことがあった。が、なんとその取材の会計を担当しているスタッフが公邸に招かれた際、携行していたバッグをタクシーに置き忘れ、それには取材費用として換金したオマーン・リアルの現金（約５００万円位）の入ったバッグを置き忘れてしまったことがあった。

その時に同乗していた福田さんは、義憤を感じたのかその現金を紛失したスタッフと共に一番交通量の多い街中のランナバウトの周りに一日中立ち、同乗したタクシーを探すという、無理筋のような行動に出たのだ。文字通りその作業は一日では終わらずに、二日目の昼にあろうことかそのタクシーを見付けて突き止め、尾行してその家にまで行ったという。敬虔なモスレムであるそのタクシー運転手はその話を聞くと、彼らを家の中に招き入れた。そして家の中で一番メッカに近い方角の場所にそのバッグが安置されてあり、

「次の月の満月の日まで落とし主が現れなければ、それは私（運転手）のものになり、それ以前にあなた方が現れたのだからこれはあなた方に返す、これ全てアラーの神の導かれたことである」

と言ったそうな。取材クルーの人物は日本の習慣に倣い、その一部をお礼として差し出したらしいが、かくいう、アラブというのは不思議なところで、福田さんもそういう日本人にはなかなか理解の出来ない、アラブ世界の常識をわきまえている数少ない日本人の一人であろう。

福田さんとは館員の家で持ち回りのように夕食会を開くことがあり、家族の一員のように常に交流していた。そんな時、彼なりに今後貰うであろう未来の奥さんについて、

「毎朝僕より早く起きて、温かいみそ汁を毎朝作ってくれて、和服が似合い、優しく

かつ美人の奥さんがいい」

との理想論を述べて、周りの館員婦人たちからは「そんな人居るわけがない」と一蹴されていたのだが、日本に帰ってからの消息で本当に彼が理想としているような美人の音楽家の奥様を貰い幸せに暮らしているとの情報があった。そんなことも我々日本人で計り知れない何かがあって、彼にはアラーの神の御加護が付いているのかもしれないと思った。

その他大使館の現地職員さん達を紹介しておくとチーフ・クラークが「イブラヒム」といって身長2メートルくらいあるスーダン人の大男で両手の指に8本の煌びやかな宝石の指輪をしていて、見た目は悪徳商人のようで甚だ胡散臭い。アラジンの魔法のランプで中から出てくる妖怪の召使とでも言ったらピッタリか。けれども実は誠実で優しい人である。大使秘書の「ガズワ」はレバノン人でショートカットで映画に出てくる女優さんの様な風貌をしている。明晰でいつも物静かに本を読んでいたりするが、こちらの意図を汲み取るのが速く仕事は正確にこなす。レバノンの人と言うと我々日本人にはあまり馴染みがないが、シリアの上層階級の人などとも一緒で、ほぼ西欧人と同じような容姿をして能力的にも変わらないものがある。領事受付にいる女性が「サルワ」で布の巻物で顔を隠さずに紅い髪を普通に垂らしている。エジプト人で我々日本人から見ればかなりきつい顔つきで、彫りが深く眼光鋭い、女版ガンダムと言った容姿なのである。オマーン政府の役人が日本へ出張に行く時にビザなどを取りに来るが、一応礼儀として私も立ち会い出入り口まで送ってゆく時に、その役人達から必ず同じようなことを言われる。

「彼女、魅力的で凄くいいね！」

と。アラブ世界で女性が顔をそのまま見せていることは何か別の意味があるらしい。パスポートには政府高官がビザを取りに来た時夫人を四人帯同していることなどがある、パスポートには無論顔写真が付いているが、大使館に出頭するときは黒いベールを被ったままである。よって誰が誰だか全く分からない、けれどもそんな時に顔を見せろと言うのは最も非礼な事なのだとサルワは真顔で言うのである。

あともう一人は私の会計秘書で「マンジット」小柄で歯切れの良い英語を話すインド人の女性だ。いずれの職員も英語で会話ができて文章が書け、仕事ができる大層優秀な人達なのである。

さて話を戻して、ようするに私が会計の仕事に専念できるのは、現地職員とかその他の人達が帰った後の午後3時頃から夕刻まで、一人事務室に残って仕事をすることになる。それらの仕事は会計事務でお金を支払った領収書や見積書、所謂証拠書類を整理して帳簿につけ、それらを台紙に張り付けて編纂する、私自身はこの手の仕事が大好きで、大使館の支払った業務をきちんと整理し右から左へ張り付けて行く、目の前でその成果が為せるものなので心理的にも気持ちよく、むしろ楽しさを感じている位なのである。だがその途中で、手を休めてふと思うことがある、それは今のこの時間に私と全く同じ仕事をしている会計担当官が世界中に大勢いるということだ。ごく近い同僚も、若い後輩も同じように机に座って、窓の外雪が降るのを眺めている人もあろう、私のように砂漠の中で冷房の効いた大使館の中や、或いはポートランドの時のように深夜の高層ビルの一角なのかもしれない。何となくそれを思うと勇気付けられるのである、力が湧いてくる。何と不思議な仕事をしているのだろうという気すらしてくるのだ。

日本国を代表して華やかな外交活動の主人公たる者は無論大使であろうし、或いはその国の真の狙いを常時目を凝らして情報収集を行っている外交官などとくらべてみて、次席館員も確かに貧乏職と思うが、やはり会計担当官というのも相当に貧乏くじな職種の一つではないかと今でも思っている。

(注) その当時の法律では外務省の職員の夫人（或いは夫君）は婚姻の後ある一定期間の間に日本国籍に帰化しなければ、その外務省職員は失職するという決まりがあった。国粋主義ではないがやはりスパイ行為のようなものを未然に防ぐという意味で重要なことであった。S参事官夫人もシリア国籍を離れ日本国籍を取得している。

(12) 祈りの朝、感謝の夕べ

初めてミドルイースト＝中東という地域に勤務することになったのであるが、まず酷暑と湿気があり決して快適な環境ではなく、かつ清潔な場所でもないのであるが、ごく一般的な日本人として都会の東京で育ってきた私がまず感じることは、何かにつけて、この土地ではエキゾチックな感じがするということであった。

日中の気温が40度近くになり常に高いということは当たり前の事であるが、これは体がだんだんに順応して来るので、汗はかくが普通に暮らして行く分に不都合なことはなくなり、日常の生活ぶりは真夏の時期に日本にいる時とあまり変わりはない。

早朝、町中の電柱に張り巡らされた安手のスピーカーからあまり音質のよくないコーランの読経が一斉に流れ出すのである。無粋な選挙演説などとは違って、言葉の意味はまったく分からないし、どの程度有難い経典なのかも理解はできないが、独特の流れて漂ってくるようなメロディは慣れてくると自然に気にならなくなる。

私の住居の周辺はまだ土漠のような埃っぽい風の朝を迎えるが、それらを洗い流してくれるような清々しい調べのようにすら感じてくるから不思議だ。

それらが醸し出す雰囲気、決して清潔でもない、快適でもない朝の気温なのだが、何故か我々日本人にとってはそれがエキゾチック風なものにも感じられるから不思議なのである。

高名な松方コレクションにも収蔵されていたルノアールの絵画「アルジェリ風のパリの女たち」という有名な絵で、アラブ風衣装を纏った女性達（所謂ハーレム）という絵が存在するのも、そういったエキゾチックな何かをフランスの人達や作者のルノアール自身が感じ取っていたことがあったからこそ描かれたものなのかもしれない。

そうして私が着任した当時では、かなりの頻度で停電が起こったものだ。国内の内戦が終わり急速にインフラ整備を進めていた、オマーン王国政府も、ある意味でその都市部の成長に電力の供給が追い付かず、深夜になってその消費を抑える為か、夜になって頻繁に停電が起こった。到着したばかりの我々はまだ体が慣れていないのか、電気が止まりエアコンが切れてしまうと、実はまともに眠ることすらできない。そして夜部屋で起き上がってみると、家の外から何か音楽が聞こえる。それは乾いた太鼓のような打楽器と、人々たちの手拍子と合いの手を入れるような歌声であった。

窓から覗いてみると外も大変な暑さではあるが、我が家の敷地のすぐ外側に火が焚かれそれを囲んで円陣になった人々が何かを歌っているのである。

私は一瞬、不安を感じたが、この暑さでは家の中にいてもとても眠れないのだし、恐らくは男性だけが集まっているように見えるし、音楽のリズムは陽気で何か愉快に騒いでいるような、その円陣の中へ行ってみることにした。外は真っ暗であるし、手拍子や歌っている男たちの容姿すら薄っすらとしか見えない、その中へ吸い寄せられるように私は違和感なく加わった。中心に薪をくべた火があり、その周りに円座に座っている者と踊っている者、何かお祭りのようでもあり、皆で手拍子を叩きてんでばらばら楽しんでいるようでもあるが、ともかく暑いことに変わりはない。人々も入れ代わり立ち代わり休み休み、皆で励ましあって夜明けを待つというような感じだ。そうして2、3時間も集まりの中にいたであろうか、焦げ茶色に焼かれた山肌の向こうが薄っすらと明るくなり、神々しいような黎明が今にも始まろうとするとき、私はその群れを離れ家に戻り、冷たいシャワーを浴びてあと数時間、出勤前の時間まで少しの間ではあるがぐっすりと眠りにつくことが出来た。寝不足で翌日の体には負担であったが、何か特別な良い夜を過ごしたという実感のようなものが残った。

オマーンで放送されているテレビ放送は数チャンネルがあって、国内向けのオマーン・ナショナルテレビが一局、後の三つは隣国のUAEなどから流される外国語チャンネルである。その後のテロや湾岸戦争などで名をはせた「アルジャジーラ」も時折、時間帯によってBBCやCNNに交じって国際ニュースを放送している。

正直、英語放送の割合は少なく、殆どがアラビア語であり、実際に楽しんで見るような番組はない。インド版のメロドラマなども昼間に放送されていることもあるが、画面を見て筋書きを楽しんでいるという程度である。それは音楽や雰囲気でお昼のメロドラマであるということは理解できる、きっとそれらを楽しみに聴視しているような視聴者の婦人方がいるのであろう。

それで夜も更けて行き、アルジャジーラのワールド・ニュースなどが終わった後の夜11時前後であろうか、オマーン国営放送のテレビ中継が終了してしまう直前に時間調整も兼ねて私の家のすぐ近くの大きな交差点(ランナバウト)や市街のよく見知った場所の広場などを明るく照らして、ライブカメラのような風景が放送される。そこにオマーンの白いディスターシャと言われる民族衣装をまとい、頭に民族衣装の細かい鮮やかな柄(例えばベイズリーのネクタイのような模様)のターバンを巻いた男性アナウンサーが落ち着いた口調で「今日一日、無事に過ごせたこと、幸せに過ごせたこと、災いの無かったことを、神に感謝しよう」(実際に意味が分かっているわけではないので、多分そのように言っていると聞いたことがあるだけなのだが)と一日の終わりの言葉を告げるのであるが、その男性アナウンサーの声が実にいい声なのである。低く男性的で、まさにアラビア語にぴったりと合っているような。日替わりで三人ほどの男性が交代で務めるのであるが、その声がどれも低く、バリトンのような声が何とも耳に心地よく一日の終わりに、照らし出されているアラビアの夜をバックにして、何か力が湧いてくるような、明日も必ずやって来るというのか、夢を見ているような不思議な気分にさせられるのである。

オマーンの首都マスカットでは、街の東側の港の近くにマトラ地区という風光明媚な地区があり、そこには日本で言えばアーケード街といったような密集したスークと呼ばれる商業地区があり、オマーン人は元よりインド人、パキスタン人などでごった返し、年中賑わっているのである。

転勤後半年も経ったろうか、その年もいよいよ押し迫り、日本では正月などの準備も慌ただしい季節になるのだろうなと懐かしく思い出したりしていると、不思議なことにここ中東のオマーンにおいても年の瀬がやって来るのである。市内のスークで金細工の装飾品を売っている店や雑貨店などの熱気が盛り上がり、気分的になぜか歳の押し迫った感じがするのである。鮭や海産物などは売っていないが、その活気が歳末商戦の「アメ横」と言ったらよいであろうか、そっくりそのままなのである。

ただ、スークにあるアラブの商店で面白いのは、店の前を通る時に絨毯か何かに目を付けて見ているとそこの主人が出てくる。値段はいくらかと聞くと、その横に値段が付いて売っている同じような絨毯の3倍くらいの値段を吹っかけてくる。横の絨毯と同じなら買うと言うと、主人は突然怒り出し手を逆さにして窄め、最後は真っ赤になって、

「もういい、もういい、ととっと出て行ってくれ」

と店先から追い払われてしまう。こちらは元々が冷やかしのつもりだから、ならいやと先の方の店を見て道を帰って来ると、先ほどの主人が今度はニコニコしながら店先で揉み手をしつつ待っている。

「先ほどは悪いことをした、失礼を許していただきたい」

と、怪しげな笑顔でまた話しかけてくるのだ。

実は大抵の場合がそうなのだ、物一つ買うにも店主の喜怒哀楽様々な表情を見て交渉し、丁丁発止、労力と時間を費やしてようやく品物が買えるのである。それでも彼らに言わせれば日本人が一番脇が甘く物を高く買ってくれるという。インド人や英国人はもっと実にシビアで日本人のその半値位で取引が為されているという。

もう、中東の地を離れて早30年近くになるが、毎晩聞いていたあの時の低いアラビア語のアナウンサーの低く素晴らしい声とエキゾチックな夜景、年の瀬に漂っていた慌ただしい感覚を今でも時々懐かしく思い出すことがある。

(13) 南イエメンのクーデター

私が着任してからオマーンの大使館は半年くらいの間、大使を含めてわずか四名の体制で、いわば必要最小限度の陣容での仕事が続いていた。但し機構上はオマーン大使館がその当時の南イエメン出張駐在官事務所の親公館ということになっていたので、もう一名南イエメンの出張駐在官という存在の方がいた。よってオマーン大使館と南イエメン出張駐在官事務所と合わせての本官数は五名、駐在官の方は、失礼ながら今はもうお名前も忘れてしまった、実際にお目にかかったことすらないのだから。

機構上の親公館と言っても、地理的には直線距離でも約700キロ以上と相当離れているうえ、航空機では一旦ヨーロッパかエジプトを経由しないと南イエメンの首都のアデンへは行くことが出来ない。オマーン王国の南部とは陸続きなのであるから道は繋がっているはずであるが、悪路や反政府勢力の存在、当時はロシアの影響下にあり、それが後押しをしているいわば半分共産圏のようなものであったから、西欧諸国の人間は国境からそう簡単には入国すら出来ないということになっていた。

私が着任してから暫く、通信室に籠っていると本省から連絡のある時間とは違った朝の10時ごろに必ず到着する公電信があった。

電信室、そこは屋外がどんなに灼熱の砂漠で40度を超す気温であっても、電信官の勤務する通信室は肌寒い位に冷房が効いている。それはあくまで働く人間のためではなくて高価でデリケートな電信機器を湿気や高温から守るためのもので、日夜絶え間なく低温かつ常温に保たれているのだ。

そんな頃の時刻にいつもカタカタとテレックスのテープが打ち出されてくる、なぜかその間延びしたような特徴のある調子で、ああまた、アデンの出張駐在官からの連絡電報なのだとわかるのだ。

それを翻訳機にかけて印字してみると、なんだかその日の日記のような、散漫とした言葉で他愛もない出来事や毎日の心情が綴られている。昔あった武士の公用日記などに自分の感想を加えたようなものであろうか。おおよそ大使あてに公電として打電してくるほどの内容は含まれておらず、それでも毎日必ず几帳面に必ず公電を打ってくるのである。

その日に外務本省から来た公電信はとうに大使に回覧してしまっているので、一部だけ印字して後からK大使に回覧すると彼は額に皺を寄せながら暫く読んでいて、

「また、こんな内容ですか！　もっと緊張感をもって、経済状況とか経済援助の実態の数字を挙げて、リアリティある報告をするようにと彼に伝えておいてください」

と私が叱られて、乱雑に大使のサインを殴り書きして返してくれる。

「そんなこと、私はあくまで一通信担当官ですので、そのようなことを言う資格も立場にもございません」

と言いたいところだが、一応サインはくれているので、その場は黙って貰って帰って来る。

私が勤務して半年くらい経った頃だったろうか。その南イエメンからの電信が幾日も来ない日が続いた、無論私が大使の伝言を伝えたわけもないのだが全く音沙汰がない。健康管理休暇（注）でも取得して、欧州に休暇旅行へ行っているのだろう、位に思っていた。

ところがそれから数日して南イエメンにおいてクーデター勃発の知らせがロイター通信によるニュースとしてもたらせられた。堰を切ったように本省からクーデター関連の公電が次々に到着する。

知らせと同時にM書記官や現地スタッフが電話連絡などを行うがもちろんアデンの出張駐在官事務所に通じることは無い。

断片的に入って来るニュースではインド洋を航海していた英国王室船のブリタニア号が避難者の救助作業のためイエメン沖に向かっているという。英国王室のヨットが急遽援助に向かうほど事態は緊迫しているのだ。

その他の欧州各国の船舶も避難した外国人等を乗せて近隣の港へ続々避難しているという。

南イエメンの出張駐在官は全く面識のない方ではあるが、日々の日記のようなものを毎日読んでいたので、穏やかで良心的な人だということは認識していた。何か私なりに「方丈記の鴨長明」「徒然草の吉田兼好」のような方ではないかと勝手に想像をしていたりした。

同じ日本人としてもやはりその人の安否が気になる。館内の毎朝のミーティングでもそのことが一番の話題であり、重苦しい雰囲気が館内に充満していた。

だが、実際に今オマーンの日本大使館として打つ手はほとんど全く無いと言ってよいのが現実なのだ。

急遽、パリのフランス大使館から書記官数名が紅海を挟んで対岸にあるアフリカのジブチへ派遣され、港に入港してくる船舶に向かって「日の丸」の国旗を掲げ、日本政府から救助のために来ていることを知らせているという。それらの具体的な情報が刻々と入電されてくる。

その他のアフリカ諸国の大使館員も引き揚げてくる日本人の安全確保、情報収集のため各地の港湾に派遣されたという。

そうしているうちにパレスチナ解放戦線の事務局からとしてテレックスの連絡が

入った。通常であればそんなところから日本大使館に宛てての電文など到着する筈のないものであった。

それは英文のテレックスで、ごく短いものであるが直訳すると、

「私は今、他の外国人と一緒に貨物船により救助されイエメンの対岸にある港に着いた。私は怪我もなく無事である。まったく着の身着のままの状態で到着し、所持品は上着のポッケットに小銭のコインが数枚あるのみである」

と、それは皮肉なことに、いつもの電文にはない緊迫感と簡潔でリアリティのある内容が記されていた。

今、オマーン王国のお隣の国においてそのような事態が起こるとは信じられないことではあったが、ここ中東と言う地域はいつでもそのような危険をはらんでいる。常に火種は燻っていて、果てしない過去からの紛争は現在に至るまで綿々と続いている。

今後この南イエメン出張駐在官事務所の復旧には相当なる労力と資金が改めて必要であるが、それは外務本省側で責任を持ってやるということであった。オマーン大使館の残り四名の館員では対応することは到底困難であるから。

ミドルイースト＝中東という言葉の響きにはある程度の緊張感をもって暮らす覚悟がいるということ、おぼろげながらそれを肌で感じた事件であった。

（注）中近東等勤務環境の厳しい地域においては「健康管理休暇」といって在勤半年から一年半の間にひと月程度、任地を離れ休暇を取得できるという制度があったのである。

(14) 東京太郎レストラン

私が初めて中近東、しかも全く知らない勤務地＝「奨励度5」という任地に到着した時、それは全くの未知の世界であり、当時外務省にあった一番高い奨励度地域ということで、かなりの不安を抱えての赴任であったことは紛れもない。

それに加えて私がこれからの自分の任地について全く不勉強であったことも間違いが無い。ただ、実際にどのような気候の土地であろうと同じ人間が暮らしている土地である以上、ある程度の健康な体と忍耐力さえ備わっていれば、案外どころか未知の土地に順応し、心地よくすら感じて行けるものではないだろうか？　と言うように実は極めて楽観的に、ケセラセラ的に考えていた。今では全くそんな気概もないのであるが、その頃の私は若く極めて勇敢でもあったのだろう。けれど、今の日本の現代の若者であれば、それくらいの素養は同様に持ち合わせているものだとも思う。

もっとも中東の国に到着してみて初めて分かったのであるが、中東湾岸地域においては様々な物資が想像以上に潤沢であり、マスカットでも「マトラ・コールドストア」と言ってインド人の大富豪が経営しているスーパーマーケットのような店が存在し、食料及び日常用品、家具、高級家電製品、お米を炊く日本製の電気釜まで取り揃えられていて、物質的な不自由は殆ど無かった。

なぜかというとオマーンという国は嘗ての英国領、植民地の名残のような所があり、BP「英国石油」の職員の英国人などは、映画「カサブランカ」の外国人居留区でのような傍若無人な振舞いを彷彿とさせるような暮らしぶりであり、悪い意味での特権意識のようなものを持って暮らしていた。急ぐからと言って英国の婦人がスーパーの列に並ばずに買い物をしたり、石油関係者の英国人だけがプレーできるゴルフ場があったりした。最も、そのゴルフ場にグリーンはなくブラックといって踏み固めたコールタールまじりの砂の上でパットをし、パットのボール跡は雑巾のようなもので後から均さねばならない。そもそもゴルフフィールドは全てが土漠でフェアウェーは無く、20センチ四方の人工芝を敷いた上のボールを打つのである。一般的なゴルフとは相当に開きがあるスポーツであったが、そこは英国紳士たるプライドのなせる業であるのか、そこまでしてもゴルフをプレーがしたいというゴルファー魂に徹すると言う面では尊敬に値して余りあるとすら思う。

オマーン軍の上級司令官達もその多くが英国人であり、その彼らもマスカット市内において特権階級として特別に暮らしていたのだ。

そんな中で我々日本人にとって実に嬉しい、朗報がもたらせられた。市内のホテルに日本食レストランが新しくオープンするというのである。

その時はすでに次席として、以前出張の折お世話になったアトランタ総領事館の次席「辻本参事官」が「S参事官」に代わり緊急的処置として、単身で赴任してきていた。

その情報はオマーン王国、マスカット市内のアルファラジ・ホテルに新たに日本食レストランがオープンするというものであった。偶々領事担当が不在であったので、私も領事担当として入国ビザの審査等に立ち会った。

東京太郎レストランのオーナーは「中戸川」さんと言って、マスカット在住ではなく時々アブダビからマスカットの店を見に来ていた。お兄さんがいてその方がアブダビの「東京太郎レストラン」の店長なのであった。

和食専門の板さん「宮島」さんがチーフ格で、鉄板焼きコーナーと洋風デザートの担当が「佐茂」さん、小柄で和風美人なのが「良枝」さんで、大柄でショートカット、最も外国人から声を掛けられ色々誘われるのが「昌波」さんであった。

このような灼熱の中東の地で日本食レストランに遭遇するということ自体稀であるし、例えば出張などで近隣のUAEやヨーロッパに出た時などには、我々日本人として食べる我が国料理の味は何物にも代えがたいほどありがたく嬉しいものだったという記憶が残っている。

前任地アメリカのポートランドにおいては外食のレストランに事欠くというようなことはなかった、だがここ中東ではそのような状況では到底ない。日本人同士が集まる時などは必ず自宅の中か、何処か隔離された場所でなければならず、もとより一部の国際的規模のホテルを除いては酒類の販売さえ禁じられているのだ。すべてはアラーの神の思し召しにより飲酒などはもっての外、汚れた食物たる豚肉だって市内の特定の大きなスーパーでのみ、それも売り場の隅の暗室のような所でこそこそと購入するのである。まあそれだって英国人のおかげで買えるだけ幸せなのであるが。

しかし、そういう日本関係の店が増えたことで、我々オマーンで暮らす日本人の暮らしそのものに随分と活気が出てきたようにも思う。その頃は海外青年協力隊もおらず、石油採掘関係者、中東地域での石油や自動車を扱う商社マン、ＪＩＣＡから派遣されて来ていた水紋観測班、と大使館関係者しかおらず、総勢でも１００人足らずであろうか、日本人が暮らすにはどこか殺伐さのようなものを感じる、中東の土地であるからだ。

この「東京太郎レストラン」の開業によって、ここマスカットに暮らす日本人の暮らしぶりは一変して良くなり、いわば世界各地にある海外駐在員の暮らしらしくなったのである。

マスカットのクルムの中心街にあるアルファラジ・ホテルの一番上階、その店には日本の音楽が流れ、和風に仕切られたボックス席がいくつもあり、その奥には襖で仕切られた奥座敷の個室がある。一番奥のカウンターコーナーでは外国人向けの鉄板焼き設備があり、バーにはよく冷えた日本産のキリンとサッポロの二種類のビールが用意されていた。

そこで働いていた日本人の女給さん達は二人「良江」さんと「昌波」さんで、上手に着物を着て淑やかに給仕する姿はここアラビア半島においては奇跡と言ってよい位に美しく優雅に見え、いずれも現地人、日本人、アラビア人問わずに垂涎の的のように美しく、その人気が高かったのである。

その時に私の長女は5歳になっていたが、実は女のくせに綺麗な女性が大好きで、しかもレストランに行くとそこのトイレを必ず探索に行くという妙な癖があり、アルファラジ・ホテルのトイレは清潔で何の不安も感じるものでは無いのだが、必ずどちらかのお姉さんにせがみ、必ずちゃっかりと一緒にトイレへ連れて行ってもらっていた。

まさにそんな頃「フセコータロー（布施光太郎）」という少しニヤけたお兄さんが、ここオマーンのマスカットに赴任してきた。偶々到着のガルフ・エアーの飛行機のビジネス・クラスで一緒に乗り合わせ機内で一緒に酒盛りをして盛り上がったと外務本省からの出張者が私にネタをばらしてしまったのである。

そのフセコータローは国連のジュニア職員であった。色浅黒く痩身できりりとした顔立ち、私よりも6、7歳若いが更に若くも見え「マーガレットちゃん」と言う米国人の奥さんがいた。国連から派遣されてきた日本人の職員で闊達な英語を話し、その容姿と振る舞いから、随分とK大使からも引き立てられて、大使公邸での政府高官の集まりなどにも度々招待され、非常に高く評価されていた。要するに私とは対極に位置するような人物なのであった。

その彼はプライベートではテニスを始めたらしく、相手が欲しいということでよくガルフ・ホテルやインターコンチネンタル・ホテルのテニス・コートでシングルスをやった。彼は、

「島田さん、ナイスサーブ！　と叫びながらリターンを決めるのは失礼ですよ」

とよく文句を言っていた。テニスのプレーではまだ私の方が技術的に余裕があったからなのであるが、貴公子然としていて同性から見てもカッコイイ奴、そういう人間は大抵の場合私と仲が良くなる筈もないのである。私が彼に優越感を持てるのはテニスくらいしかないのであるが何故か馬が合うというか、週に一度は一緒にプレーをしていた。

だから彼は他の人達とも少し違っていたのだと思う。例の東京太郎の「昌波」さんもそうで、休日を過ごすのに彼女を誘おうとした人達、特にマスカットに単身赴任し

ている男性客などは軽い気持ちで皆そうだったかもしれないが、そんな時は案外布施光太郎と一緒に休日を過ごして居たらしい。まったくそれは男女の仲とかそういうのではなく、単に馬が合ったということだけらしいが。

いずれにせよこの東京太郎レストランが出来たおかげで、我々は遊牧民族との共同生活のようなものから、一気に海外駐在員の暮らしへと、心理的には劇的な変化と余裕をもたらしたのであった。

※

私はその後も四人の東京太郎レストランのメンバーやフセコータローとは馴染みがあって仲良く交流していたのだが、中近東での任務期間は長くともせいぜい3年であり私の転勤もあり、噂の範囲でしか消息は知らないのであるが、レストラン自体の趨勢も長くは続かなかったらしい。

まず。和食のチーフ宮島さんがタイ、バンコクのホテルに移り（引き抜かれたとか結婚するフィアンセがいたとか色々うわさは聞いたが）、我々も家族で一度そこに訪れたことがあったが、格安の旅行会社を紹介してくれて、空港まで運転手付きの車で迎えに来てくれた。そこでは大変お世話になった。タイでは独身のままで随分と羽振りの良い暮らしをしているようだった。

洋食の佐茂さんは、灼熱の砂漠のマスカットでＢＭＷのモーターサイクルを購入したり、ゴーカートに乗ったりと酔狂な趣味が共通していたが、いつも仲良くしてもらっていた。その後、やはり中東を離れタイのチェンマイで和食レストランを開店経営していると聞いた。

何時か時間がある時その店にふらりと立ち寄り、知らん顔して席に着き、何か注文してその時の驚く顔が見てみたい！　と夢みたいな事を今でも妄想している。

良枝さんはスリランカ人の男性と結婚し長男が生まれたと聞いたが、音信はそこまでである。

昌波さんはその後実家に戻り、駅前で英語塾の教師をしているといっていた。一度お父さんが存命の頃に娘も一緒の三人で伊豆のミカン狩りにお邪魔したことがある。お父さんは、昭和30年代の頃の有名な競輪の選手であった。大人しい方で軽トラックでミカンを集荷している姿からはその事実は想像もつかなかった。

フセコータローはそれから幾年かして私が日本の勤務に戻っている時、昌波さんを通じてその訃報を聞いた。偶々彼の生家と私の姉の家が近く、歩いて行けるほどの距離にあったのでお線香をあげてご両親とお会いした。

私がオマーンを去ってからフセコータローは何処か別のアフリカの任地を転々と勤めていたらしいということは聞いていたのだが、何か原因不明の病気に掛かり、奥様とも別離し、失意のままに息を引き取ったのだという。若き国際派の日本人として将来を嘱望された彼の訃報は想像にすら思っていなかったことなので、改めて世の中の不条理ということを知らされることになった。

(15) 神隠し

オマーンの首都のマスカット、UAEのアブダビ、ドバイなどが他の湾岸諸国やアフリカの首都などと少し違っているのはまず第一に治安が物凄く良いと言う点を挙げられる。

それは、都市の形態が整備された非常に近代的な形態を為していることと、警察の力が特別に強いということが挙げられる。即ち首都マスカットの治安維持の原動力は「ローヤル・オマーン・ポリス」といってその名のとおり国王直属の警察組織がその任に当たっているからなのである。

強力に推し進めているインフラの整備などで、インド、パキスタン、その他の外国人労務者が多く流入しているにもかかわらず、軽微なものなどを含めても案外犯罪が少ないのもそのおかげであるが、その一方でよく言われるのは、ある日突然に人そのものがいなくなる、いわゆる「神隠し」という現象が時々起こっているのだ。

それは、とある金曜日の午後の事だった。

電話口からはひどい雑音と、息せき切った口調で、

「Ｍ商事のＭです。実は今シーヴの留置場に拘留されています。靴に忍ばせていた金で守衛にワイロを使い電話をかけています。このことを家族に知らせてほしい、それと確実に覚えていた電話場号が貴殿のお宅であった。迷惑を承知であなたに電話して誠に申し訳ない」

「今、Ｍさんが拘留されているのはシーヴの警察署ですね」

私が念押しすると、

「食事は生の魚を鉄格子の外から放ってくる、とても食えたものでは無いが、今の所はとても元気だと、心配しないようにと家族に知らせてほしい」

とだけ言って電話は切れてしまった。

私は直ぐにも領事担当のＭ書記官、高級クラークのイブラヒム、秘書のマンジット、大使館の運転手達に連絡を取り、緊急招集をかけた。私はそのことの顛末を公電する用意のため大使館の電信室で待機をした。聞けば数日前からＭ商事の事務所長の所在が不明であることは家族から領事宛てに連絡が為されていたのだそうである。

シーヴの警察署にはＭさんとイブラヒムが向かい、私の会計補佐のマンジットが警察署に日本人が拘留されていることを直接電話連絡をしたそうで、マンジットはまだ三十代半ばのインド人女性で、元インド航空のスチュワーデスをしていた経歴がある。その話術と言うか機関銃のように繰り出す英語は物凄く、会話などしていてもいいとも簡単に大使でもやり込めてしまう。きっと相手に反論の隙も与えず警察署のアポを取り付けてしまったようだった。

しかしながら結局当日にはMさんに面会が出来ず、改めて翌朝早くに日本大使館から書記官が直接身受けに来たことで、Mさんは無事出獄することが出来て、取りあえずは大成功であったかに見えた。

その時K大使は出張中で不在であったため、実のところ我々はそれ以上の行動は取っていなかった。

数日後に大使が帰国してから状況の把握をして、その指示により事件は一見落着していたかに見えていたのだ。

※

当時新たに大使館に赴任して来ていた松田書記官は博打の才能も含めまた違った強運を持った人で、何処かの商社宅でご馳走になり、深夜の帰り道で、運悪くロイヤル・オマーン・ポリスの検問に引っかかってしまった。その検問の担当官が偶々日本大使館の車のナンバー（外交団のナンバーなので頭に特殊な数字例えば日本国であれば外交団＝15番と表示されている。但しいずれもアラビア語数字で書かれているが）を覚えていて、過去に何らかの形で日本大使館との関係があり、非常に好意を持っていてくれたらしい。松田書記官をその場で拘束したが、彼と車を検問の奥に数時間留

め置き、大量の水を飲ませ数時間後の夜が白々と明けてくるころ（各所の検問が解かれる時間になってから）、

「気を付けて行けよ！」

と言って解放してくれたという。

※

M商事のMさんの場合はやはり、何処かの招待先で相当に飲み、帰宅の途中でオマーン・ローヤル・ポリスの警察車両を追い越したらしい。飲酒している人の運転する車は軌道が定まらず絶えず左右に揺れるからすぐにも判別が出来るのだそうである。パトロールカーが直ぐにも直後に付き、路肩にて停車を命じられ、対応した警察官に飲酒していることが直ぐにも分かるほどの飲酒量であったため、車両共々そのまま収監されてしまったということであった。

出張から帰国したK大使は外務本省や東京のM商事本社へ直接緊急の電話連絡を行った。私もその場所で子細な質問等があった際に応答する為その場で待機していたが、K大使が急に戻ったばかりでも流石だと思ったのは、一言たがわず現場の状況の説明をして、よどみなく各方面への手配を終えたことであった。一度聞いただけで私からの情報を全て完全に理解していたので、改めて優秀な人なのだと思った。

そんなこともあり、Mさんはじめ、M商社のスポンサー会社もそれでことが全て終

わったと勘違いをしてしまったのである。

※

Mさんは私の前任の朝子書記官とは家族付き合いをしていたらしく、私の家もM夫人に着任当時カルフォルニア米を貸して頂いたりして懇意にしていたのである。その当時マスカットでもお米は手に入るのであるが、市販されているものはロングライス（タイか中華米）で、取り寄せか、国外に調達に行かない限りショートグレイン（いわゆる日本のお米）は手に入らなかったのである。そんな関係でまず覚えていたのが私の家（朝子さんの家）の電話番号で拘置所内から電話してしまったことをひどく丁寧に謝罪されてしまった。

でもそんなことよりも、それから2ヶ月ほどして事態は暗転してしまう。突然裁判所からの召喚があり、即日の簡易裁判の結果（この時も逮捕時の血液中のアルコール濃度と、スピード超過のキロ数が通告されたという）、即日懲役2ヶ月の禁固刑を言い渡されて、そのまま収監されるという事態となってしまった。

Mさんは実はアラビア語にも長けていて、潔く罪を受け入れてそのまま刑務所に収監されてしまった。この中東の支店長を任されているだけに、それなりの覚悟をもっていて、実に肝の座った人なのだと思った。それと夫人も気丈な方で取り乱して大使館に泣きついたりするようなことはなく、夫君を信頼して適切に行動しているのでこちらも安心した。かなり後手に回ってしまったが彼のスポンサー会社（そこの重役はオマーン政府の高官でもある）も動き出し、あちこち交渉した結果４日間の拘留をもってようやく釈放となったが、裁判所の判決も尊重して、そのまま国外退去の処置ということになった。

丸刈りにされた彼から出国直前の空港かどこかで散々お詫びを言われたが、むしろ何もできずに申し訳ないとお詫びしたのはこちらの方だった。それよりも全く元気そうに悠然とこの国を去ってゆく日本人の姿に誇りを感じたくらいで、改めて日本の商社マンは逞しく、世界中において活躍している所以かもしれない。

意外といっては失礼かもしれないが、この国の近代国家化は急速に進んでおり、司法と行政は明確に分かれ、更にアラブ特有のイスラム宗教上の判断が加味されて、即ちこの国においては「飲酒」と「強盗」は全く同じくらい重犯罪なのである。

※

しかし、このアラブの国で暮らすということ、それは一般市民においてもなにかこの半島に由来する、地域的と言うか歴史に根差した緊張感というものが絶えず支配していて、大使館の勤務においても、

「すわ何かある時にはいつでも跳ね起きて、枕元の刀を取って駆けつける」

というような覚悟をしておく必要があることを肌で感じた事件であった。

(16) レッツ・ボーリング！

ここオマーンで駐在している石油関連会社の方から、

「ボーリングに行きませんか？」

と誘われたら、まずそれにはそれなりの覚悟！　が必要となるのである。

それは、ボーリング場でボールを投げてピンを倒すスポーツのことではなくて、ヘルメットを貸してくれて石油採掘現場に行くことだからである。

当時オマーンにはＪＡＰＥＸとＪＰＤの２社が石油採掘のための法人会社を送り込んでおり、それらのサイトは首都マスカットからは遠く離れ、四輪駆動のランクルで土漠を延々と走り、現地に一泊しなければ往復できないほどの距離にあった。

私は其々のサイトにお邪魔したことがあるが、宿舎に訪問した日は偶々金曜日の昼で５〜６名ほどいた日本人スタッフの方々は貴重な休日の余暇を過ごされている時であった。

ＪＡＰＥＸのその日本人スタッフ達の宿舎には大音響の音楽が流れており、それはなんとひと昔前のアイドル「南沙織」「アグネス・チャン」「天地真理」「キャンディーズ」などの歌謡曲が入れ替わり立ち代わり一日中宿舎内に流れているのである。スタッフの方々は2週間働いたら1週間の休みをもらい交代しながらの勤務であったが、現場ではやはり相当なキツイ仕事らしく（その時点ではまだ石油そのものが発見されておらず、採掘はいわば賭け事のようなものだったらしい、不安や心労も相当に溜まっているのであろう）、そのストレスの発散が何かしら必要なようであった。

もう一つのＪＰＤのサイトでそこの所長さんは毎晩決まって風呂上がりに（水のシャワーを浴びてから）同じビデオ、「都はるみが引退した時の紅白歌合戦のビデオと最後の出演シーン」を見て涙ぐみ、ストレートのウイスキーを煽るのだそうである。最近見つけた新しい娯楽は忍び込んできて悪さをする泥棒猫を布の袋に入れて、廊下に放ち皆で脅かしたりするのだとか、冗談ともつかないことを言っていた。

そんな中で首都マスカットに「東京太郎レストラン」が開店したというのは大いなる希望と安堵感をもたらしていた。石油サイトのスタッフで家族連れの方でマスカットに夫人や子供がおられる方はまだしも、遠く東京から単身赴任の方々は非番の週末に日本食レストランで一息つけるようになったのである。このことが石油採掘現場で働く人たちにとっての劇的なカンフル剤になっているということを聞いた。遠く外地でしかも灼熱の砂漠の中で苦労している日本の同胞がいること、それらが皆で助け合って働いているということも実に頼もしく感じたのだった。

その他に日本人グループとしてはＪＩＣＡの「水紋観測」調査団が度々オマーンを訪れており、マスカット近郊における水紋＝農業に適する水をいかに手に入れることが出来るかの調査に来ていた。

彼らは基本的には技術者の集団ＪＩＣＡの専門家で、この気候的に厳しい土地においてもどちらかと言えばそれなりに海外勤務を楽しんでいるかのように見えた。宿泊するホテルなども欧米資本の一流ホテルではなくて、港に近いごく庶民的なホテルを選び、そこで出されるカレーがマスカットで一番旨いと保証すると言っていた。メインの水紋観測に限らず、この灼熱の砂漠にあっていわゆるどのように農業を発展させて行くかということについて、ＪＩＣＡの準職員で鈴木さんといってオマーンにほぼ半年くらいの長期滞在をして研究調査を業務としている人がいた。

彼がまず第一の目標としているのは、ここの土地に雨が降った際の雨水の行方を探ることであり、そのために我々が家庭で飲んだミネラルウオーターの空のペットボトルを際限のない位収集していた。回収業者のようにいつでも、どれだけの量でも喜んで引き取ってくれるのである。だがしかし、不幸なことに私がオマーンに着任して以来、約2年間というもの雨は一粒たりとも落ちてはこなかったのである。（注）

鈴木さんはいわばＪＩＣＡの出先部隊で長くマスカットで単身で暮らしていること、それに一向に雨が降らないせいか、我々大使館員とその家族を誘って、機知を得た色々な所に連れて行ってくれたりした。

ある時かなり南東方面の海岸へ、四輪駆動車で土漠を延々走り夕方早めに現地に到着して食事を済ませた後、キャンプのような場所ですぐに一旦仮眠を取る。そうして深夜になってから子供たちを起こし皆で海岸をめざし、ウミガメの産卵を見に行ったことがあった。

そこには大使館松田書記官の家族、長女の里美ちゃんと、次女のあやちゃん、うちの娘も一緒である。それは満月の夜であり、その光を頼りに真っ黒な道でも歩くことが出来るのである、こんなことは江戸の時代では当たり前の事であったろうが、我々現代人にとっては月夜がこんなにも明るいものとは、むしろ不思議にすら感じたのであった。そんな暗い砂地の道を行き、砂浜に出ると浜辺のあちこちの地面で何かしら大きな黒い生き物がうごめいているのである。

それは、大ウミガメたちの産卵の場所なのであった。彼らは人間と言う異種の動物が神聖な儀式に無作法に乗り込んできても実は何の抵抗もしようとはしない、決められた行為、我々人間が見ている最中でも、雌たちは涙を流し耐え苦しみながら沢山の卵を砂に掘った穴の中に生み落とし、もがくようにして砂をかけ、息も絶え絶えになってからノロノロと海に向かって這い出し、帰って行くのである。

母性本能から他の獣のように、歯をむき出して我々を威嚇するようなそぶりも見せず、むしろそれは神々しいような従順な行為であり、全て敬虔なクリスチャンであるかのような礼儀正しさをもってウミガメたちは皆海に向かって帰って行くのであった。それ等を見た時に我々人間もその卵たちがいつか無事に孵化してやがて海に帰って行けるよう願わずにはいられなかった。

神々しいような自然界の条理を知った後ではあるが、翌朝になってから我々人間哺乳類には悲しいかな排泄と言う行為が大抵の場合付きまとうものなのである。周りは土漠があるのみで、当然トイレなどはないから、平坦な荒れ地を人気が無くなるところまでかなり歩き、マングローブの小さな木陰で用を足すのである。

明るい太陽の下であっても、それは大きな自然の中でのごく小さな暇身であり、家という共通の場所の中では汚らしいものとして下水に流してしまうものが、全く違和感なく自然の中に帰ってゆく、強烈な太陽の光の下で私の体内から出るものがなんとちっぽけなものであるか、瞬く間に乾燥し土漠の塵に返ってしまう。ああ大自然の営みとはなんと大きな輪廻で物事が転生しているのかと悟ったというのは少し大袈裟だろうか。

もう一つ、鈴木さんが教えてくれた、「ニズワ」というオアシスの町は、砂漠の中に土でできた城郭とともに忽然と現れる、まさに蜃気楼か、幻のような町だった。

マスカットの港から進路を南西に変えて、少し小高くなった丘を登ってゆくと一段高くなったような土漠に出る、そこはアラビア半島に君臨する絶大な「ルブアリハリ砂漠」の末端でありそこから地面は一段高く盛り上がっているのである。路は曲がりくねってはいるが見事に滑らかな舗装道路である、結構な速度で飛ばすことが出来る。しかも対抗車なども滅多に出会わない交通量である。そうして土漠の中を行くこと2時間、港に突き出たマスカットとは全く趣の違う森に囲まれ湧水のオアシスの町が目の前に現れる。町の中心には城郭がありその下には市場が出来、ヒツジなどが売り買いされ賑わいを呈している。

少し山側に上ると岩山のような所もあり岩間を水が流れていたりする。とあるナツメヤシの木に囲まれた土壁の家の前を通り過ぎようとすると、その家の老人が我々に話しかけてきた。もちろん言葉は全く通じない。けれども執拗に手招きをするので家の中に入れということだと分かる。家の中は薄暗い土間まで円座に座布団のようなものが敷かれている。壁に水を一杯浸した素焼きの大きな壺がいくつもかけられていて、この水の蒸発する気化熱で家の中は涼しく保たれている。老人は前歯が全て無くしきりに話しかけてくるけれど言葉は全く分からない、私が「Ｊａｐｏｎ」と言ったら、

「Ｏｈ、Ｊａｐｏｎ」

と返してくれるが、果たして日本がどのような国かはご存知ないと思われる。そのうち粉が入り混じったアラビア・コーヒーを振舞ってくれるが、上澄みを上手に啜ら

なければ、粉っぽくてあまりおいしいものでは無い。それとデーツを山盛り一皿出してくれる。デーツはナツメヤシの実で黒砂糖漬けの干し柿といったらいいか、野趣のある味でどちらもガツンとくる味だから、この濃いコーヒーとだったら合うのかもという気もする。

30分ほどお付き合いして這う這うの体で土埃の家からやっと外に退出することが出来たが、ここ遊牧民の国オマーンでは「友人を門前払いすることが一番の非礼な行為」だと聞いたことがある。遠路厳しい暑さの中訪ねてきた友人をもてなすということが遊牧の民として生きてきた彼らの掟、生き残ってゆくための条理でもある。

中東のオマーンという国の、これまた片田舎の町で見ず知らずの老人からこのような歓待を受けるとは、そのお宅から出て浴びる太陽の光が余計に眩しく感じられたのだった。

（注）私の在勤の本当の最後の頃に、実はマスカットにも雨が降ったのである。それもかなりの大量に。そのため鈴木さんをはじめとする水門観測の彼らは数年分の仕事を一気に片付けるべく近郊まで奔走していた、よって私の離任に際し丁寧にお礼を申し上げることが出来なかったのが唯一気がかりであった。

⒄ サーヴァント・クオーター

大使館事務所の裏手の奥、それこそ隣家との境界のコンクリート製の塀に沿ってサーヴァント・クオーターという簡素な住居があり、インド出身の現地職員のうち下の階層の人達、大使館長車運転手のラジャン、館用車運転手のラジュウ、クリシュナン、ボーイのクマール、公邸ボーイのラメシュらが居住していた。横に広がったコンクリート製の江戸時代の長屋とでも言ったらよいか、一部屋は畳3畳分くらいであろうか、人数分の小部屋に区切られており端には共同のトイレとシャワーが付いて、個々の部屋にはエアコンも完備されていた。彼らは大使公邸のディナーなどの時にボーイとしても働くことがあり、身綺麗に整えるための設備、すなわち昼間の業務の後にシャワーを浴びて、白いシャツと黒のズボン、蝶ネクタイをしめて大使公邸での華やかなパーティの際にはそれなりの格好でスマートな給仕サービスが行えるという器用さをも兼ね備えているのだ。

その建物は立派とまでは言えないがインドから出稼ぎに来て、それなりに雨露を凌げ不自由なく、住込みとして暮らして行ける居住環境は十分整えられているのである。

余談だが数年前に在インド日本国大使館事務所を建て直す際、敷地の奥のサーヴァント・クオーターを取り壊そうとした時に、老若男女一族郎等他親類縁者共々数百人が中から続々出てきて、それらの入居者を全て立ち退かせるのに大混乱となり、館の関係者一同が往生したということを聞いたことがある。

夕方になるとそれらのインド人職員達は腰巻のようなもの一つの軽装になり、リラックスした様子で皆で夕餉を摂るのである。私はその夕餉に直接加わったことは無いが、翌日余ったカレーなどをお昼に分けてくれることがあったが、なかなか美味であった。当時の公邸のコックさんはOさんと言う60前後の元船乗りさんで、気のよい人でもあり夕食を共にするなど人なつこく彼らに加わって仲良く交流をしていた。

私の秘書のマンジットはその事を知ると顔をしかめて、彼らと付き合っているような人は公邸で料理などを振舞ってはいけないと憤慨していた。

私自身何回かマンジットの家に招待を受けたことがあるが、何かの都合で行ったことはなかったが、今後Oさんがマンジット邸に招待される事はもうないのだということであった。

インドでは未だに厳粛なるカースト制度が存在しているのである。サーバントの人間と一緒に食事を摂るということなどは上流の人達からは考えられない事であるらしい。

私がようやく業務を終えて帰宅しようとして駐車場に向かって歩いていると、夕餉の時刻かカレーの匂いと共に彼らの楽し気な会話が聞こえてくることがある。「狭いながらも楽しい我が家」とでもいうのであろうか、幼い頃の我が家の記憶とこのサーヴァント・クオーターのインド人達の生活と似通ったものをなぜか感じて、嬉しい気持ちにさせてくれるのである。人間最後の死に場所は畳一枚分の広さがあれば事足りるというようなことを思い起こした。

※

インドから出稼ぎに来ている彼らではあるが、実は名前が「ラジャン」ばかりで、最初の一人は「ラジャン」だがもう一人は「ラジュウ」あとのラジャンは別の名前で呼ばれていた。

そんな彼らであるが、意外なことに出身地毎に仲が悪いのか、度々妙な告げ口の匿名の手紙が私宛に届くのである。例えば○月○日のパーティの際に残ったワインをラメシュが持ち帰り飲んだとか、公邸のバトラーが掃除をさぼって外出したとか妙に具体的な内容なので、そのことを知る人間、即ち誰が告げ口をしているのかも判ってしまうのであるが。

事務所のボーイ「クマール」君は現地職員の中では一番の若手で23、4歳だった。痩せて小柄で、色は黒いが見ようによっては中々ハンサムで、少しシャイなところがあるが凄く働き者で、事務所の中の掃除や、普段はコーヒーを一杯午前中に運んできてくれる。時々時間があると特別なコーヒー、カップを二つ使って、高く上げた右手のカップから低い左手のカップへ見事に注ぎ、それを交互に繰り返して手品か何かのように攪拌させるのである。するとネスカフェが全く違ったコク深い味に変身するのだ。

彼はインドからは遠くマスカットまで出稼ぎに来ているのであるが、少しでも収入が欲しいのか、我が家では一番重宝していて、家のパーティや鼠が出た時などに喜んでアルバイトに来てくれる。クマール君は一応インドの大学出らしいのだがカーストを下げ? ボーイとして勤務しているのだ。年休は一ヶ月くらいであるがそれを貯め、ある年婚姻するということで、特に休暇を伸ばしてもらい里帰りして行った。数日間続く豪華な婚礼の写真を見せてくれたことがある、クマール君がまるで王子様か何かになったような派手な衣装を何度も着替えてハリウッド・スターのようですらあった。但し、一年のうちインドに戻り暮らすことが出来るのは一ヶ月ちょっとなのである。

彼の月収(日本円で約9万円)であっても、地道に倹約して貯蓄してインドに帰ればそれ位のことが出来るようである。

クリシュナンは私が来てから新規に雇った運転手兼メッセンジャーで、大使館に館用車ではなく、館用のバイクが1台増車になったため、バイクに対して新たに充てがわれた人材である。そんな指示が外務本省から来るのであるが、日本の予算事情と言うのは本当によく分からない不思議なことも多いのである。（注）

がっしりとした体つきで、元はインド陸軍の軍曹だったといい、軽機関銃射撃の名手であったともいう。その人材が今どうしてここで働いているかと言うと、インドという国も人が多い（その当時の人口で7億人超、そして現在は11億人である！）、本国では兎に角人が溢れているのである。ということは仕事の口も少なく、ともすれば妙チキリンなことが多々起こるのである。偶々何処か日本商社の運転手をリストラされたばかりで困っていたところ、もう一人のケララ州出身のラジュウの紹介によるものだった。

確かに要領などはあまり良くなく朴訥な人柄であったが、意外なことにその時のことをずっと恩義に感じていたのだろうか（インドの人でも妙に義理堅い人物と言うのもいるのだ）、私が離任間近になった頃直接部屋に訪ねて来て、

「是非、サーにこれだけは言っておきたい」

と言って血走ったような赤い目で熱っぽく語るのである（彼の目は常時からそんな色をしていてその時が特別であったわけではない）。

「あと数年したら、私の故郷ゴアにおいて聖人フランシスコ・ザビエルのお姿が一般に公開される、それは10年に一度しかないことなので非常にありがたい御利益がある、

是非その時にインドのゴアへ来ないか、機会があれば私が案内してあげても良い」

と誘うのであった。彼は続けて、

「その聖フランシスコ・ザビエルのご神体はまるで生きていた当時のままに保存されている、まるで眠っているだけのような美しいお姿である。ただご神体の一部、右腕はローマへと送られていて無い、その右腕を切り落としたときには鮮血がほとばしり出たという。また足の指が2本欠けている、それは熱心なカソリック信者の女性が祭礼の折、遺体の足にキスするふりをして食いちぎって口の中に隠しスペインに持ち帰ってしまったのだという。けれど生涯に一度でよいから彼の御神体を見ることが出来れば必ず幸福に恵まれる、どんな苦難からでも解放されるのだと」

と熱っぽく語るのであった。

残念ながらその後ノルウェーに転勤になった私はインド、ゴアに行く機会には恵まれなかったが、出張か何かでローマを訪れた折、ザビエルの右手があるという教会を教えてもらい訪れたのである。その右手を見て、彼の言っていたのは本当の事なんだと思うと同時に、あの時、クリシュナンの血走ったような目の色と熱い彼の語り口が思わず目の前に蘇った。

本当に苦しい時、それこそ死を迎えた臨終の間際にまで至った時には、この聖人の姿を信じ縋ってみればよいのだなと思いを巡らせた。

（注）私が外務本省の在外公館課に勤務していたころ、予算上の措置として館用車1台につき現地職員（運転手）一名というのが原則として予算計上されていた。バイクは予算の関係で自動車1台が買えないための苦肉の策として増車（購入）したものだが、規則としてそれでもおまけのように現地職員一名の増員が叶ったのである。

(18) マスカットにて

○等高線模型

私が幼かった小学生の頃、材料の良い教材なども揃っていなかった時代に、こげ茶色のボール紙を鋏で繰り抜いて、段々に重ね等高線の山や丘陵の立体模型地図を作ったことがあった。段々に大きなピースの上に小さなピースを重ねて行き高い山が完成するのである。出来あがったものを見ると全て茶色で無味乾燥、日本の緑に覆われた豊かな山々ではなく火山に焼かれて無残なハゲ山のような模型になってしまったことを思い出す。

オマーン、マスカットに着いて初めて晴れた日のシーブ港に連なる山々を見上げた時、まさにその等高線模型そのものだと思ったのだ。

長い年月の間、小高い山々は、強烈な太陽と、熱風や潮風に晒されて、灌木一つ生えてはおらず、赤茶色に焼けただれているのである。荒くざらざらと歪な地形が連なって色までそのものの等高線模型の本物が現れたと思った。だがその迫力と威圧感にむしろ感動すらしたのだ。ここは春夏秋冬四季のあるモンスーン気候の日本と違って、赤道直下の太陽に常に晒され続けている土地なのであった。

○Banque Paribas（バンクェ・パリバス）

私は都合９ヶ国の銀行との取引、それに事務方を相手としての東京銀行、日本銀行などを含めれば、多くの銀行を相手に業務を行ったのであるが、当たり前の話だが日本の銀行は間違えない、外国の銀行は世界で名だたる一流銀行であっても、担当者により当たり前のように間違えるのである。

この差は一体何だろうと思うが、但し一つだけ例外があって、過去の９ヶ国の勤務において口座の収支を間違えることが無かったのが意外にも、この中近東アラブ世界に支店を出していた、Banque　Paribas銀行なのであった。

時々しか行かなかったが、銀行窓口の日本大使館担当となった女性は黒い頭巾を被り小柄で色黒な女性で、風貌で言えば「アラブの運勢占い師」と言うような怪しげな雰囲気を醸し出していた。だが、銀行の出入金に関しては全くパーフェクトに間違えることが無かった。この後に多くの先進国の世界的有名な銀行と取引をしたのだが、間違えるのは致し方ないとしても、その修正を後から通知も無く行うのである、翌月のステートメントに見覚えのない小さな端数の差し引きが為されていて、問い合わせると大抵の場合間違えがあったので修正したと同音異口の答えが返ってくる。

私がよく銀行の名前を、

「バンク・パリバス」

と言うと、次席の辻本参事官からフランス語表記なので、

「バンクェ・パリバスですよ」

と冗談交じりに直されたことを思い出す。

ある時モナコを休暇旅行していて、偶々身なりもジーンズのラフな格好のままで、王宮のような立派なカジノの前を通りかかったのであるが、恐る恐るこの銀行のクレジット・カードが使えるのかと自分の「バンクェ・パリバス」のカードを見せた時に、厳つい風体の黒タキシードの門衛が一旦奥に引っ込んでからまた戻ってきて、

「どうぞ奥までお入りください」

とひどく丁寧に言われて面食らったことがある。子供連れでもあり結局、中には入らなかったが、欧州近隣においてもその名は十分通用していたのだ。

○惣領の甚六

アラブの国と言うのも実は日本に似ていて、家長すなわち男子の一番上の子が家長を継ぐもの、親としても他の兄弟や姉妹の一段上の扱いとなるという習わしのようであった。というのも、我が家はひとつの敷地にコンクリートブロックで作られた二階

建ての四角い母屋が二つ並ぶように建てられており、敷地の奥側が我が家、手前側は農業省の部長とかのお住まいで、この2軒ともが農業省のシャンファリ局長が家主の持ち家であった。隣の家のご主人の姿は殆ど見かけたことが無く、色が黒く大柄でタンザニアのザンジバル島から来たという夫人には12、3歳の長男の下に年齢順に三人のかわいい娘たちがおり、時々扉の陰から黒い顔を覗かせて、我が家の4歳の長女のことなどに興味津々であった。その三姉妹はいつも豊かで真っ黒な縮み毛を三つ編みにして編んでいたが、母親が病気か何かの時には気の毒なほどのザンバラに髪が乱れていて、何かあったのかとこちらが心配になるくらいであった。

そんなある日、お隣さんのご長男が我が家に訪ねてきた。彼はオマーン風の刺繍の付いた帽子にデイスターシャ（注）を着て、数人の男の友人を連れていた。もちろん事前のアポなどは無く英語で、

「今日は友人たちが訪れて来たので、是非日本人が住んで暮らしている家というものを見てみたく、お伺いした。宜しければご案内して頂けるか」

私は一瞬失礼なことを言うな？　と思ったがこの国の習わし、遊牧民族として訪ねてきた友人を門前払いにすることが一番の非礼なことだと聞いていたので、そのあまりに幼い友人達の顔を見た時に、なぜか可笑しくて吹き出しそうになった。この国の長男というものが特別だということも聞いていたので、

「どうぞ自由に見て頂いて結構である。但し我が家の室内では履物を脱いで頂いて、それから上がって頂きたい」

と丁寧に言った。

我が家に和風の家具などは小さなタンスくらいしかなく、目新しいものは小さな日本人形と縦書きの漢字が書かれた書籍とビデオの背表紙くらいであったろうか。それでもきちんと整然と整理されているので、自分の家と違っていることには満足したのであろう、静かに家の中を見て回ったあと、三人とも神妙な面持ちできちんとお礼を言って帰っていった。

私も笑いをこらえながら、澄まして彼らを戸口まで見送った。

○ラマダン明け

そのお隣さんであるがラマダン（断食祭）の明けが近くなった頃に必ず山羊を一頭どこからか連れて来る。それを裏のサーバント・クオーターの脇に繋ぎ、例の三姉妹の子供たちが棒で突っついたり、あやしたりして毎日一緒に遊んでいる。

そうして1週間ぐらいは朝夕、山羊の鳴き声がしているが、ある日突然にその声が途絶えるのである。

私も妻も恐ろしいので、その家の前は車でさっさと通り過ぎてしまうようにしているが、それはある日屠殺人が来てその山羊を調理して、無駄な部分は何も残さずに食べてしまうからである。恐らく家の裏には相当な量の血の跡などが残っているのであろう。声をかけられて山羊の頭など（因みに山羊の目玉というのが最上の御馳走だそうで一番大切な客人に振舞われるのだと言う）ご馳走するなどと言われても気味が悪いのでなるべく外に出ないようにしている。しばらくはこちらがラマダン籠りをする羽目になるのであった。

○第四夫人

アラブ諸国では一夫多妻制であるが、特別裕福な男性はその四人目の妻は娶らないで、その四人目の妻は所謂「お妾さん」とするのだそうである。無論そのほかの第三夫人に至るまで別個の家や生活の経済的な保証をすることは必要であるが、お妾さんであれば離婚調停というような事がなく、割と簡単に別れることが可能なのだという。そこまでは良いのであるが、その頃、軍隊のある高官が英国のある女性に恋をして求婚したという話があった。それがロマンスと言えばそれなりに美しい話なのかも知れないが、話は一気に複雑なものとなり、その夫人との生活を添い遂げるため他の全ての夫人と別れ、財産も全て失うという不幸な結果となってしまった。そんな事例からオマーン政府では国の財産が国外の人のものとして持ち出されないための新たな法律を策定したという。

○大和なでしこ

マスカット在住の日本人会などの後押しで日本人補修校の前身のような学校が運営されていた。そこで小規模な運動会のようなものがあった。ハーフの子や西欧人のような大きな女の子も交じっていて、風船取り合戦のような事をした。松田書記官の次女のあやちゃん、我が家の娘なども参加していたがまだ小さいので大きな子達にはとても敵わなかった、そこで登場したのが松田家の長女の里美ちゃん、妹をかばってお姉さんの意地もあるのか、のきなみ相手をやっつけてしまった。その後、徒競走のようなものがあり、I商事のIさん（彼は陸上短距離の選手で日本国内の競技会で100メートル10秒3と言う記録を持っていた。恐らくオマーン国内の誰よりも速く、その後オマーンナショナルチームの陸上選手達のコーチまで請負うこととなる）がぶっちぎりで優勝。リレーもやはり里美ちゃんが外国人の子らを抜き去って一位でゴールした。今ではサッカーの「なでしこジャパン」が有名であるが、小柄な日本人女性が懸命に競技する姿はなぜか誇らしく、フィジカル面でなく心の芯の強さというものを感じる。スポーツの世界において常にフェアーにプレーする日本人の姿は、ましてそれが女性であったりすると、勝敗だけにこだわらず、実に美しく良いものだなと改め感じ入ったのだった。

○辻本ファミリー

その頃には単身赴任していた辻本参事官の家族がマスカットに到着し、我々大使館の館員家族でも付き合いができるようになってきた。辻本夫人には私がアトランタの高田副領事を訪ねた時にお世話になったことがあったので、本当に妙な縁の繋がりというものを感じる。当初、辻本参事官はS参事官から受け継いだ大きなアラブ風の邸宅に一人で住んでいて、そこにはジョンというインド南部出身の使用人がいたが、文字通り大邸宅に一人で暮らしていたのである。そこに夫人、長男と長女を加えて三人の家族が増えた結果、大使館の雰囲気も随分と柔らかくなったような気がする。当初は四人の大使館員でスタートしたものがその頃では総勢七人の大使館という構成となっていて、日常で家族ぐるみでの交流ということも出てきて、館内の雰囲気もがらりと変わったのである。

K大使自身の業務ぶりについては殆ど変わりは無かったが、ひとつ大使のお嬢さんが短期間マスカットに来られることがあり、それで随分と変わったような気がする。彼女は親に似ずと言ったら失礼かもしれないがよく気が付く聡明でかつ美しい女性でその当時は大学生であった。毎週末の金曜日には大使公邸のプールを一般の在留邦人の子弟を対象に開放していて、我が家の長女もまだ泳げなかったのでアームバンドの浮き輪をして水に入っていたが、彼女が随分親切に面倒を見てくれていた。我が家の長女も若い女性が好きなので酷く喜んでいたような気がする。K大使にしても娘さんに対しては大甘で、大きな態度や言葉を逆に娘さんから窘められるようなこともあり、そんな時には思わず苦笑いをしていた。けれど娘を持つ父親として私にもそんな気持ちはよく分かるのである。

（注）ディスターシャは化繊で出来た、病院でレントゲン検査の時着る白いガウンのようなもので、下着の上からすっぽりと被るだけで、酷暑のこの国の気候にはうってつけである。ウエストを絞らないので太った人でも楽に着られ、汗かきで太ったこの国の富裕層の男性には大いに好まれていた。驚いたことに売られている最高級な部類のディスターシャはメイドイン・ジャパン、なんと日本製なのであった。

(19) オマーン開国15年祭

ホルムズ海峡の南にあるオマーン王国という国の歴史はごく新しく、1971年に英国保護領から独立、今のスルタン・カブース国王がその父のサイードを追放して、ようやく内戦に終止符が打たれた。だが戦争というものは経済的負担は勝利した側でも大きく影響があり、空港から一般住宅のある中心街メディナ・カブース市街まで道路が完全な舗装道路となったのは、私が着任後半年位が経過してからであった。

それからはインフラ整備にも一気に加速が付き、国営のアル・ブスタン・ホテルが建設された。そのホテルはアラブの様式に倣い全てが八角形にデザインされており、玄関から入ったホールは遥かに高い六階建ての高さの天井までが吹き抜けで、ホールのまん中に噴水が溢れハープが演奏され、外界の40度の灼熱の炎天から逃れてそこに踏み入ればまさに天国と見紛うばかりの豪華さである。そこから空港までの専用道路も通じた。

そんな中で、国王は開国15年祭を行う旨大々的に宣言したのである。だが、実際の平和が訪れてからの年月はそれほど長くはなく、ある意味で平和の証を内外に広くアピールしたいというのが本音であったろう。

日本からも早速に、総理大臣の名代として藤尾政調会長が参列することとなり、その来訪が新聞報道などで通報された。

実はこんな時に一番頼りになる筈の中東調査会から専門調査員として来ている福田さんは任期が切れ帰国することになり、我がオマーン日本国大使館も大きく人員が刷新される時期が来ていた。

まず、M書記官が帰国、その代わりに本来のアラビストの森安書記官が着任、もう一人派遣員が増員になり、まだ若い20歳の石田君は「お兄ちゃん」と呼ばれていた。アトランタから辻本参事官が赴任、特許庁から松田書記官が増員され、恐らくはK大使の最後の大きな晴れ舞台となる一大イベントであった。

それに先立ち、中尾栄一衆議院議員と言う方が事前に度々訪れて来るようになった。中尾議員はK大使に対してはかなり厳しい言葉をもって接しているようでもあるが、現場で働く我々下々の館員達には優しくねぎらいの言葉をかけてくれたり、菓子の差し入れをしてくれたりで存外親切な人であった。

新たに着任してきた森安書記官はアラビストと言って、外務省のアラビア語の専門官で、通常外務省の専門職として採用されるとまず語学研修生と言って様々な国の大学で2年間程度語学を中心に学ぶことが出来る。これには色々な語学があって英仏独はむろん北欧のスウェーデン語、ノルウェー語、東欧のハンガリー語等々、役所としては本当に数少ない言語のタガログ語まで全ての言語を網羅しているわけである。その中でも特に習得の難しい言葉、例えばアラビア語、ペルシャ語などの言語は漢字に源を発している我々日本民族にとって特別に難解な言葉であり、アラビア語などそもそもが文字を右から左に真逆にミミズがのたうっている様ですらある。故に研修期間は長く3年から4年間とされていた。その中でも森安書記官のアラビア語の能力はずば抜けており一時省内の噂で「神童」とさえ言われていたという。

けれども本人は細面の痩身、色白の優男でファッション雑誌の「メンズ・ノンノ」を常日頃の愛読書としていた。

我々が、

「昔神童、でも今は只の人」

などと揶揄しても、全く意に介さず飄々と仕事をこなしている。

同じアラビア語を民間で学んできたという派遣員の石田君はそもそも社会に出ることが初めてであり、語学力は元より一般常識や礼儀作法に至るところまでまるで学生時代のままであった。それを、

「あのね、お兄ちゃん。それは君が思っている常識であって世間一般でそれは通用しないのだよ…」

などと言葉遣いや礼儀作法に至るまで日常から森安さんが懇切丁寧に諭としているのが妙に可笑しかった。

そういう風にして新たに組まれた新生オマーン日本国大使館、辻本参事官、松田書記官、森安書記官、石田のお兄ちゃんと私は瞬く間に開国15年祭のロジ業務（注1）の渦に巻き込まれて行くことになる。

このオマーン国を挙げての一大イベントには世界各国から元首クラスの方々を招待し壮大な規模での祭典が数日間にわたり盛大に行われるもので、当然アラブの湾岸諸国からは首長が、アメリカは副大統領、スペイン皇太子、日本は首相からの親書を携えた藤尾政調会長が特使として参加すると決まった。産油量自体はまだ少なくとも貴重な親日派かつ産油国のオマーンである、日本国政府もそれなりの重要人物を赴かせる必要があったのである。

ただそれらの大行事を成功させるにあたり、オマーン政府側の対応はと言うとその実甚だ心もとなく、諸事につけ予定が変わり、かつ齎らせられる情報源と言うのも王宮府からのみで、予定されていた行事等は常に遅延し皆がそれに振り回わされて大変な思いをしていた。

空港での何かのセレモニーの際、炎天下の屋外に一時間ほど待たされていた外交団の大使数人が熱中症で倒れたとか。スルタン・カブース国王は意外に夜型の人間らしく、会談の設定時間が深夜に近い時間にずれ込むなどは茶飯事のことであった。

森安書記官と石田のお兄ちゃんと私は日本政府代表団の宿舎となっているインター・コンチネンタル・ホテルに泊まり込みでのロジ対応業務をしていた。

アラブ湾岸地域の首長国は例の完成したばかりの超豪華なアル・ブスタン・ホテルに宿泊する。一説には湾岸諸国8ヶ国の各々に合わせた8面体に設計したとさえ言われていた。よって、西欧各国の宿舎はインター・コンチネンタルということになったのである。

ある時三人で息せき切ってエレベーターに乗り込んで業務をしていた時に偶々乗り合わせたアメリカ大使館の参事官が丁寧に言葉をかけてくれて、

「君たち何事にもアップセットしてはだめだ、兎も角落ち着きなさい。この国で物事を進めるには何より忍耐が必要なのだよ、ゆっくり息を吸ってから、まず落ち着いて行動しなさい」

と諭すように言ってくれたのがなぜか嬉しかった。アメリカ大使館も米副大統領の来訪でそれこそ走り出したいくらい忙しいだろうに、前任地ポートランドでよく声を掛けてくれたアメリカに居た時に接した人達の優しさ、コモンセンス、ホスピタリティということを久しぶりに思い出したのだ。

ホテルでの滞在は睡眠時間が少ないことを除けば割に快適で、特に朝食のレストラ

ンでのバッフェは色々な種類の食物が豊富に並んでいて豪華だった。その中で石田のお兄ちゃんが、

「あれーこれ、スイカのスープだって。何だか甘そうですよ、生臭くって不味いんじゃないかな」

と言って列に並んだまま顔をしかめて飲んでいると、

「これが旨いんだよ」

と言って、脇からディスターシャ姿の男性が大量にそれを皿に盛ったのだった。

僕ら三人はその男性の顔を見て一斉にビクッと驚いた。

その男性はスルタン・カブース国王にまるで瓜二つにそっくりだったからだ。けれどもよく見てみると国王よりはずっと若いし、少し小柄にも見えた。彼はアブドル・マジドと言う名前でこのホテルに宿泊していた政府関係者の一人だった。森安さんが流暢なアラビア語を使うので、目を丸くして驚き、石田のお兄ちゃんがあまりに酷いアラビア語を話すので大笑いして、四人ですっかり打ち解けて仲良くなるということがあった。

よく考えてみると、彼は数人いるというスルタン・カブース国王の影武者の一人で、昼間軍隊行進か何かの時ジープの上で閲兵などを行っているのはきっと彼なのだという結論に落ち着いた。開国15年と言っても、アラブの恒久の和平は安定したものでは

無く、スルタン・カブース国王は非常に用心深い人であり、白昼堂々と姿を見せることは滅多に無いと言われていたからである。

その頃に続々と各国の参加する元首などがインター・コンチネンタル・ホテルに乗り込んで来た。中でも一番厳重な警備が為されていたのはスペイン・皇太子「フェリペ6世」で彼の乗るスペイン国旗の付いた黒塗りの防弾セダンの前後には軍用ジープに機関砲が取り付けられたものが前後に1台ずつ伴走していた。昔アメリカの戦争テレビドラマで「ラット・パトロール」と言うのを見たことがあるが、それの更に強力版である。戦車では動きが遅いし、また空からの襲撃に備えていたのであろうか？

機関砲と言うのは機関銃ではなくさらに巨大で、黒光りする銃身が2メートルくらいあり、実弾を連ねたベルトが金の飾りのように輝いていた。射撃するときの反動がものすごいのか射撃手はゴムのハンモックのようなもので宙吊りになっていつでも撃てるように身構えているのであった。

そのスペインの皇太子がホテルのロビーに現れた。白い鳥の羽根のようなものが房のように付き立てられた見事な帽子を被っている。紺のビロードの軍服、輝くような金のボタン、たすき掛けに勲章を携え若く長身で生気に満ちた皇太子は、目がまばゆくなるほどの光を放っているようにすら見えた。

その時私はエレベーターの「ボタン早押し係員」としてロビーに待機していた。日本の要人（国会議員団等）は外国においてもエレベーター等で待機することを極端に嫌うので、大抵の場合車が到着した時点で、誰かが事前にエレベーターのボタンを押し、空いた扉にさっと乗って頂くよう大使館員が手配を行うことが通例となっている。

そしてその時に予想外の事が起きた。スペイン皇太子がなぜか私の方に向かって歩み寄ったのだ、ホールは一瞬色めき立った。皇太子は私のすぐ2メートルくらいまで近づいて来て何か言い、手を差し出そうとしたその瞬間。私の驚いた表情を見てとったか、それが人違いだと気が付いたのである。事件はそれだけの事であり、私は別に皇太子と挨拶の会話をしても構わなかったのであるが、SPに取り抑えられることもなく、まあともかくその時は安堵したものだった。私のことを誰か旧知の日本人男性と見間違えたものらしい。

開国15年祭もメインの開幕行事が終了し、それからは各国と二国間の会談等が実施される予定なのであるが、諸行事の進行は遅々として進まず遅れており、日本とオマーンとの会談即ち総理大臣親書を国王に直接手渡さなければ特使の任務は果たせないわけで、その時点で王宮府からの連絡は未だに無かった。

そんな時、例の中尾議員がホテルの大使館準備室に血相を変えて飛び込んできた。我々ロジ要員は皆疲労困憊している所で、てんでにソファーや椅子にひっくり返っていたのであるが、議員に呼びつけられたK大使は顔を真っ赤にして直立不動で厳しい叱責を受けていた。何しろ夜になるまで国王の動向がつかめないのである。恐らく米国やアラブ湾岸諸国との会談は終了している筈だが日本のそれはまだであったのだ。藤尾政調会長の政治日程の都合もあり、今日のうちに会談がセットされなければ明日午後には帰国の途に就かねばならない。辻本参事官は状況を打開するため厳しい表情で王宮府や儀典局にギリギリの直談判のため出向いて行った。

我々は緊迫感が絶頂にまで高まって、雰囲気の酷く悪いロジ室を出てホテルの玄関で待機をすることにした。玄関先で浮かぬ顔をして三人で突立っている所へカーキ色の軍用車が玄関先でUターンしてこちらにやって来て、我々の直前に停車すると中から出てきたのはカラフルなターバンに縁が金箔にかがられた袈裟を纏ったカブース国王！　ではなく国王の姿をしたあのアブドル・マジドであった。

彼は手短に、

「今から国王が会うと言っている、急げ15分後だ」

とにこりともせずに告げて、直ぐにも走り去った。

我々は狐に摘まれたような気持ちだったが、兎も角ロジ室に走ってそのことを告げた。中尾元議員はその確実性もない我々の言葉を聞いただけでロジ室を飛び出して行ってしまった。我々三人は情報のソースの確実性も無いので、本当の情報であってほしいと祈るような気持ちであった。

実のところそれから10分間ぐらいお互いの顔を見つめ合いながら、情報が本当であってくれと祈るような気持ちで、相当なプレッシャーを感じていた。

だが、言葉通りすぐに国王側から今から面会するという伝令がもたらされ、半信半疑ではあったが、ともかく結果オーライになったのであった。

翌朝、出発の特使ご一行を空港へとお見送りして全ては終了した。

そんなこんなで、パニクる（注2）ことも多く、結構ドタバタしたが身を捨ててこそ浮かぶ瀬もあるというのか、はたまたアラーの神の思し召しかオマーン開国15年祭はなんとか無事に終了したのである。このロジが終了して、森安さんは20時間位ぶっ通しで眠り続けたと言っていた。

（注1）ロジ＝ロジスティクスの略で元々は後方支援の業務を指す軍隊用語。外務省が外国での国際会議、政府要人の往訪などの大きな行事がある場合、大まかに言って二つの業務、【サブ】（サブスタンス）＝会議の中身の共同コミュニケの作成、条約書の作成などの作業。【ロジ】＝要人同士の日程調整や記者会見のタイミングなど映画やTVシナリオのようなものを作り、諸行事を管理・運営する業務がある。

本来であれば中身のサブが一番大切な作業であるが、昨今はロジがスムースに行かないと行事そのものが失敗のように評価されてしまうことが多々ある。

当時の外務省幹部の言った、

「ロジのできん奴は、サブもできん」

という言葉が不文律のように省内では囁かれている。

(注2) 外務省内でよく使われている言葉で「あの人はパニックで混乱状態に陥っている」というのを短縮した形容詞で「あの人はパニクっている」と言う風に使う。

(20) 古川清・東宮大夫

少し以前の話になるが、2001年4月16日宮内庁に於いて「皇太子妃雅子様のご懐妊」が発表された時に東宮大夫としてテレビ中継の談話を発表したのは古川清《ふるかわきよし》・東宮大夫《とうぐうだいぶ》であった。大柄な体躯、茶の革のカバンを下げてコートを片手に下げたまま報道陣の前に直立不動の姿勢で立って挨拶してから、席に着き落ち着いた口調で語り出したのは紛うこと無き、私の知っている元オマーンに在任していた古川大使その人であった。私は国外（アイスランド）に居て日本からのそのテレビ中継を見ていた。

「私の言葉が終わるまでは、記者の方々はここから出たり入ったりしないように」

とまず報道陣に釘を刺し、落ち着いた様子で用意していた文章を淡々と読み上げた。

まさに東宮大夫にふさわしく、礼節をわきまえて堂々とした会見ぶりであった。

最後に、

「ぜひ皆様方には、今後の妃殿下をやさしく見守っていて頂きたい」

という発言にも真意がこもっていて実直な言葉だと感じた。

雅子妃のことを古川大夫の口から直に聞くということ、それを今まさにテレビで見ているということ、それらの思い出が交錯して私の元に伝えられている。

随分と偉くなったのだなと思うと同時に、その容姿は余りにも昔と寸分も変わっていない、あの頃のことが懐かしく、嬉しく思い出された。

だが、その抑えて静かな口調からはむしろある種の苦労が見て取れたような気がした、私はその人となりをよく知っているから。嘗てはまるで瞬間湯沸かし器のように身も心も熱い人であったのだから。

一体沸かしたそのお湯は何処へ持って行ったのであろうか、東宮での勤めでは捨てる所もそう簡単には見つからないであろう。

私がマスカットに勤務していたその時１９８６年の3月に、当時の駐オマーン大使として古川大使は赴任して来た。

※

K大使がその任期もほぼ終わりかけになった頃に、ぽつりと、

「今度来る人は僕と違って恰幅の良い、押し出しのもの凄く良い人だよ」

と一言漏らしたことがあった。

私はその言葉を聞いた途端には、実に平板な言い方でもあり何も感じなかったのであるが、不思議なことにそこから私の心境には著しい変化の兆しが見え出してきた。大げさな言い方になるが、今までの世界観と全く違ったものが私に訪れて来たような

気すらしたのだ。

今やっている仕事・業務については過去も今も全く変わりなく、会計担当官としての業務を卒なくこなしていた。

わが外務省の悪癖と言うより、これは日本民族の古来から踏襲している悪癖なのかもしれないが、小さな部署の組織と言うものはそのトップが変わると、その外見と言わず実質そのものまで、がらりと全てが変わってしまうものなのである。

事実、K大使が最後に館長車に乗って公邸の門を出て行ってしまい、空港から飛び立った瞬間から、私の目に見えるものの色合いが全て変わってしまったように感じたのだ。

その時私は事務所の電信室に残っていて、

「K大使は事務引継ぎを了し、◯月◯日離任した」

というごく短い電文を自分自身で起案し（電文を書いて）、代決のサインをして外務大臣宛てに発電した。今から公電を発電するに当たり、もう彼即ち大使の署名は必要としないのである。本当にそれだけの事、その事務手続に全くなんの感情も湧き上がって来なかった。

組織の能力という点からは、K大使はその力量の百パーセント近い能力を我々館員から引き出せていたのかもしれないと思う反面、こんなにも世の中自身が違って見えてしまうものなのかと今更ながら驚いたのは本当の事だ。

※

古川清大使が着任したのはそれから二月も経たなかった。

空港から到着したばかりだというのに、我々の待機している大使公邸のサロンに足早に飛び込んできて、まず片手を挙げて、皆を見回す。

居丈高でがっしりとした体格、大きな目、直ぐにも片手をあげて大きな声で、「ヨッ」と挨拶して。下町のきっぷの良い、祭礼の世話役かなにかのような威勢のよさ。

「まっちゃん」（松田書記官の事）、「シマちゃん」（私の事）、「石田のお兄ちゃん」とちゃん付けで皆を呼ぶ。最初の頃はそれでも大人しくしていたのかもしれないが、時々瞬間湯沸かし器のように激怒することがあるが、そのあとはケロッとしていて、必ず摺り寄るようにフォローしてくる。そういう人柄が分かって来るとなんだか、子供のようでもあり憎めない人、言動そのものからして全てが愉快な人なのだ。けれどまあ私がここで一言で言い表すことなどは到底できない、体も心も大きな人なのであったと思う。

私たち館員の生活ぶりもガラリと変わった。個人的に館員がよく公邸に呼ばれ食事を頂くことが多くなった。むろんその伝票が後から会計担当官に回ってくるようなことも無い。ようするに大使が自分の懐で館員を招待してくれているのである。

当たり前のことのようだが、昨今は少々違っているのだ。通常の大使館では年末に現地で働いているローカル・スタッフの家族も入れて、大使館員全員でクリスマス会か忘年会をやるような時には大使を含み館員全体で費用を割り勘にすると言うような事が多くなった、ようするに大使もサラリーマンのようになっているのである。それが時代だといえばそれまでのことだが。

私が常日頃、仕事上で外交官として他の人に接する時まず心がけてきたのは人に対して「威張らない」ということだった。私の場合は所謂高級官僚ではなく、主に館内で働く官房要員という立場ではあるが、外から見ればやはりそれは特別な職種でもあり、軽はずみな行動も誤解して見られることも多々あるのである。

それはリタイヤしてマンション暮らしをしている今も全く同じなのであるが、それはただ本当の事、自分は決して偉くもなんともないと思うからなのである。或いはひょっとして偉くなっていたならばそうしたかもしれないが、古川大使はもちろん偉い人に違いがないのであるが、まったく偉ぶることをしない人であった、それは出会った瞬間から直ぐにも分かった。外務省でもキリスト教徒（クリスチャン）の方々は実はこういうことが身についているなと感じることが多いが、古川さんは普通の仏教徒であったと思う。

兎に角エネルギッシュで松田書記官とはよく、例の英国人クラブでのゴルフをやっていた。私の知っている海外の商社マンの支店長さん達も皆そうであったが、炎天下でゴルフをワンラウンドした後に着替えてからまたマージャンをするのである。丸いグリーンの次は四角いグリーンで勝負だというのである。私はそちらの方にだけお付き合いをしたのであるが、大使公邸のプールサイドに更衣室か何かのための小屋があり、風通しが良く涼しいのでエアコンも必要ない、広さもマージャンにうってつけの場所があった。そこでは古川大使と松田書記官のやり取りがいつも面白く、大使が、

「もともと枝ぶりの悪いのをだな、わしが整え、ここまでしてやったのだ」

と大使夫人の事を引き合いに出すと、

「よくもそんなことが言えたもんだ、俺と同じで婿養子のくせに」

と松田さんが返すのだ。

よく口癖のように言うのは、

「オノレ、フクシマをバカニしたな」

となまった方言でいうジョークであった。福島県の旧安積中学（現安積高校）の出身で、少年時代の終戦間際には相当苦労したということを色々話してくれた。

それと不思議なことにその小屋でやるマージャンは必ず私一人が大勝するのである。あまりにも何時もツイているので、飲み物を二つ持ち、一つを必ず丁度神棚のような

不思議な棚が高いところがあり、そこへお供えしていた。ある時それを見た大使が、「何だそれは?」と言うから「お供えですよ」と言ったら急に「くわばら、くわばら」と言ってもう二度とその小屋でのマージャンはやらなくなってしまった。そんな迷信のような事にも、縁起を担ぐ人だとは思っていなかったのだが、本気で恐れているのらしい。けれどもその思惑通りに私の快進撃もそれまでで見事に止まってしまった。大使公邸のプールサイドの小屋でするマージャンには必ず神様のようなものが憑り付いていたということだけ覚えている。

※

古川大使は瞬間湯沸かし器のように時々激怒する事がある。

一度は私が辻本参事官にその朝起こった事件の事で相談している最中だった。血相を変えて参事官の執務室へやってきて(古川大使の場合は大使館内をちょこちょこと見ながら歩き回るのである。普通の大使の場合は出勤するとまず大使室に籠って、大使秘書を通じてあれこれ指示を出して来るので、あまりこのようなことはしないものである)

「何か至急、私に報告することがあるだろう!」

とすごい剣幕であった。その直前の前の晩に運転手のラジュウがオートバイで事故を起こしていて、その対処策につき相談中の事であった。参事官と私はとりあえず謝ってその場を収め、報告が遅れたことを詫びた。

そしてそのまま、一緒にガレージへ行き、衝突をしているオートバイを見つけて、

「なんだ、やっぱり壊れてるじゃないか」

と言い捨てて、でもそれだけであった。これはまた例のインド人同士の告げ口によるものだという事が、私もピンと来ていたが大使も分かっていたようだった。

もう一度は「アビール」といってエジプト人のセクレタリィ（次席参事官の秘書）が、大使秘書との休暇の取得の件でチーフ・クラークのイブラヒムが間に入って調整していたのだが、らちが明かない、彼女が要求を一切曲げないのだという。結局手に負えなくなり彼女が直接私の所へやって来て微笑みながら、

「それでは私がいなくなっても良いの？　困らないの？」

というようなことを執拗に言って休暇に代わる何らかの交換条件を出してきた。

そこへ丁度入って来た古川大使が我々の方をちらり見てから直ぐ出て行き、暫くして私の机の電話が鳴った。

それは大使からで、部屋に直ぐ来いと言う。

行ってみると、さっきのアビールの件で、

「僕の所へもさっき来たんだよ、ローカル・スタッフのご機嫌を取ってまで働いてもらわなくても、いいじゃないか辞めてもらって」

即断、即決であった。その時お湯は沸かさなかったが私はその意図をすぐにも理解した。そのまま彼女の部署へ行き、大変残念だけれど大使館を辞めて貰いたいとキッパリ告げた。

その後にイブラヒムからで、アビールがショックを受けて動けないので、家まで送って行って良いかと相談が来た。私はそれを許可した。彼はアラジンの魔法のランプから出てきたような大男であるが、見た目と違って本当に心優しい人間なのである。アビールはエジプト人でそれこそクレオパトラと見紛うばかり目鼻立ちの整った若い女性であった、良家の子女で学歴はあるが世間の常識に欠けていたのだと思う。自我の強さがそのままに出たのであるが、アラブの人達と接していると、そういうことはママあることなのだ。寛容な日本人がいつもその場を取り繕い収めていれば良い訳ではない。特に官房班長（私の役職）という役割は事務的に割り切って非情な面、抜いた刀を時々は見せる必要があるのである。

その後数ヶ月してから、松田書記官がスーパーマーケットの遠方から瞬き一つせずアビールから睨みつけられていて、もの凄く恐ろしい思いをしたと教えてくれた。けれども、その時には私の任期も終わりに近く（奨励度5の地域の在勤は3年間が限度となっていた）、私としてはこの愉快な大使ともう少し一緒に仕事をしてみたいというつもりであったが、転勤の辞令は案外早くやってきた。これもあくまでも本省の人事の都合であり、会計担当官の交代は5、6人の担当をチェーンのように繋げて、玉突きのように順に交替してゆく仕組みなので私の要望等は殆ど聞かれなかった。ただ、マラリアの予防薬「キニーネ」と言う薬を常用していることも影響しているのか、ある時黄疸の症状が出て目やにが酷く体調不順に陥ったことがあり、在クウエイト大の医務官から「副腎皮質ホルモン」という薬を調合して頂き事なきを得たことがある。ある意味で3年間と言うのは妥当なものかもしれない。

都合2年8ヶ月の在勤であった。古川大使とのお付き合いも短く8ヶ月間ということになった。

※

古川大使は全館員夫妻を呼んで私の送別会を大使公邸で催してくれた。私にとっても初めてのことであり、大使が日本から持参してきたカラオケセットで初めて歌わせられる羽目になってしまった。当時の最新の流行歌などよく知らないのではあったが「梅沢登美男の『夢芝居』」という歌を恥ずかしながら歌った。

「けいこ不足を幕は待たない〜恋はいつでも初舞台〜」

と下手でも歌ってみてから妙に気持ちよく、これは癖になるかもしれないと思ったりした。

私の後任にはフランクフルト総領事館から佐藤副領事（外務省入省以来、同じ局課で仲良くしていて一緒に野球大会などに出場した仲なのであった）が私の後を引き受けてくれた。

そして私がノルウェーに着任して暫く後に、音信として古川大使が、

「シマちゃん行っちゃったなぁ～」

って、本当に寂しそうですよ、と一言伝えてくれた。

（21）三度目の任地

ＵＡＥのドバイ空港から昨晩の夕食直前に搭乗したＫＬＭオランダ航空機は既に８時間以上のフライトを続けて、日付が変わりそろそろ夜が明けるだろうという時刻になっても真っ黒い闇の中を飛行していた。

機内のアナウンスから、

「もうすぐアムステルダムの空港に到着する」

と言って、見下ろした市街地はまだ夜のままのオレンジ色の街路灯が道路を照らしている。

白夜の丁度逆になるのがクリスマスを控えた頃のヨーロッパで、昼の日照時間帯、太陽が顔を出している時間がものすごく短いのだなと改めて納得する。

それからまた、数時間を小型のＳＡＳスカンジナビア航空に乗り次ぎ今度は、

「オスロ、フォルネブ空港に着陸する」

とアナウンスがあってから、ぶ厚い雪雲の中へと空港に向かって高度をどんどん下げて行くが、中々その下に出ない。ようやく雲を抜けたと思ったらすぐ下は鉛色の冬

の海が迫っていた。低空飛行で海岸線を抜け、白い雪の陸が見えたと思った瞬間オスロ、フォルネブ空港の滑走路に到着した。明るい青空の様子を窺うことは一切できない。胴体が細く小型のSAS航空機は海の近くの階段の踊り場のような空港にふわりと着地したが、それこそ雪の海のすぐ側にある空港の片隅でようやく止まり、我々乗客はタラップから降りて雪の中を空港ブースまで歩いて移動するのである。寒い欧州に転勤ということで真っ赤なコートを買ってもらっていた6歳になる娘は初めて見る雪の中を歩いて大はしゃぎであったが、前任地マスカットを出発するとき、家の前の玄関の砂埃を掃除していたのが摂氏約30度、今は空港の外気温でマイナス13度位、なるほど地球の上では気温差で40度以上の違いがあるのだと、とても不思議な感覚であった。

オスロのノルウェー大使館では色々な騒動が起こり今大変な忙しさだというので、私の前任になる吉澤書記官自らが、たいそう立派な渋い茶色のふさふさした毛皮のコート姿で出迎えてくれた。なるほど、極寒の任地での勤務ではこういう格好をして働くものなのだと思わず感心させられた。

とりあえず着任したばかりの来訪者にかまっている余裕がないらしく、引継ぎや挨拶のために事務所へは行かず、そのまま宿舎へと向かう。

我々が最初に到着したシュルツパルケンという宿は王宮の傍にあり、小さくアットホームな感じのするホテルで、そこは居心地がよく、朝食などは自分で小麦粉を溶いてある液体から機械を使いセルフサービスでワッフルを焼く、それとお決まりの北欧風バイキング、魚のマリネが山ほどの種類があるのだ。

しかし、我々日本人にとっては残念ながらその微妙な違いは分からない。色や香りが違うのだが、ニシンの魚肉酢漬けの味はどれも同じに感じるのだった。唯一濃い茶色をしたヤギのチーズがあってそのまま食べても全く美味しくはないのだが、ハムとバターを塗った黒パンに鋏みサンドウィッチにして食べるとハーモニーというかこれがまた全く別の味に変わる、不思議な美味しさであった。

しかしそこで一つ問題が起こった。我々の到着したのはクリスマスの直前で、このホテルはこれからクリスマスの時期にはホテルごと休業するという？　そう、欧州ではクリスマスは家族と過ごすもの、それが徹底していて普通に考えて企業等の会社、商店も全て休み、それに伴いこの時期に仕事で出張する者などは皆無であり、故にホテルは客が無いので休業するというのである。そこで我々はオスロでも超一流ＳＡＳスカンジナビア・ホテルに引っ越しをした。

ＳＡＳホテルは流石にインターナショナルの規格で立派で住み心地も申し分なかったが、料金もそれなりに高く、仮に住居が決まらず長逗留することになると経済的にかなり苦しくなってしまうのである。

ただし、砂漠の中近東からやってきた我々にすれば、市街地、町の中心街へ出てもさすがに寒さの度合いがとても厳しく、街角をワンブロック進んでは、何かの店に入り暖を取らないと寒さで全く街の散策などは出来ないのであった。

※

前任地オマーンにおいて、赴任直後の大使への挨拶が不備で、苦い経験をした私はその轍を踏まぬためにも着任直後のなるべく早い時期に大使夫妻への「着任のご挨拶」を無難に済ませたいと考えていた。しかしそれは大部分を大使の人柄、また大使夫人の人柄によるところが多い。余談であるが、大使への挨拶は当然館員自身が行うが、大使館では通例大使夫人への挨拶は大使館の次席夫人を通じてアポを取り、次席夫人の紹介により大使夫人に紹介されるという不文律のような決まりがある。ただ、今回大使夫人への挨拶は必要ないとの次席夫人からの回答があった。

※

ところがそこで緊急事態が起こった。吉澤書記官との引継ぎの最中にチーフ・クラークの中嶋さんが病院から戻ってきて、

「あのダンディでお洒落なH書記官が疲れ切って、無精ひげのまま、付ききりで夫人の看病をしている。見ているのが辛くなりました」

と報告してくれた。

その時の運輸省から出向してオスロの大使館に勤務していたH書記官夫人が事故により逝去し、急遽その葬儀が行われることとなったのだ。大使館館員夫妻はお手伝いも兼ね全員が参加するという。それにせめてものお悔やみを言うために我々家族も参列することとなった。それにその時に出張中であったY大使ご夫妻が急遽帰国を早めて参加するという。休暇を返上して各方面への連絡で忙しい館員達にとって、かえって足手まといかもしれないが、我々は参加することにした。

※

小雪のちらつく中で葬儀は街中の教会でしめやかに執り行われた。

H書記官夫妻はおそらく希望をもって家族で任地に赴きながら、遠い異国の地で不慮の死を遂げさぞや無念であったろうか、H書記官の涙ながらに挨拶を交わされているのも痛々しかった。それと7歳になる娘さんが一人残されてしまった。

そんな葬儀の最中で、次席公使夫人の機転で我々は大使ご夫妻に初めて接見しご挨拶を済ますことが無事出来た。しかし、よくよく考えればそれがどれほどに大切なことなのだろうかと思った、それが全てに優先されるべき問題かどうかは果たして不明である。今は館員夫人が亡くなられ、皆が悲しみに打ちひしがれているような葬儀の場なのだから。

ただ一つ、教会の後ろの方の席にポツンと二人日本人の女の子が仲良く座っているのが見えた。時々何かを話している。H書記官の一人娘で7歳の利発そうな女の子と、6歳になる私の娘であった。一人残されてしまった娘さんと何がしかでも話し相手になることが出来て、うちの娘が役に立ったのかと思うと、少し心が晴れたような気がした。

こんな風にして私の三度目の赴任は、過去の任地の場合とは違い、まったく予想外の形でスタートすることになった。軟着陸というのには程遠い、悲しみに打ちひしがれたような氷と雪のオスロへの到着であった。

（22） 雪の夜には

ご想像のように北欧の国ノルウェーというのはとても寒い国で、冬の始まり10月頃からそろそろと降雪が始まる、でも初冬の頃その雪は解けたり消えたりを繰り返す。やがて12月に入ると流石に気温も下がり降った雪が解けずに薄っすらと根雪が積もり出す、地面が刻々と冷えてくるのが分かるのである。市内の地面は雪で次第に嵩が高くなり、そこに車やトラム（路面電車）の通る轍が2本くっきりと姿を現すようになる。

私が勤務していたころの大使館の事務所は王宮のすぐ裏側のパークバイエン通り33番地に面しており、白く塗られた木造三階建の北欧風の瀟洒な家屋で、雪の降る頃になるとまさに北欧の伝統的な建物の姿を現していて、夜になると木漏れ灯のような窓の光が蝋燭の明かりのように実に美しく映え、まるでクリスマスの飾り物のようですらあり、その位置も王宮のすぐ側という景観に見事にマッチしていた。

北欧の夜は長く、当時の私の仕事というのもその頃は会計と庶務の業務がほぼ専業で、通信担当官が不在の時など時折電信業務を代行するだけで、至極働きやすい環境となっていた。前任地のマスカットと大きく違うのは会計を補佐してくれる現地職員が「中嶋さん」で何にも代えがたい日本人男性であることで、以前のマスカットの事務所ではインド人女性のマンジットもかなりの方面で助けてもらい頼りにはなったが、インドの人ではそもそも日本語を話さないし、読み書きもできないので、私の負担というものの実質は随分と軽くなっていた。

それでも会計の仕事というのは、一日の支払いなどが全て終わった後、他の職員が殆ど帰宅してしまってから、やおら帳簿付けだの、小切手の作成などに集中して作業が出来るのである。

何しろ昼間は官房班長という役目があり、本省から来た訓令の処理や、館内会議、業者との面談、大使公邸とのやり取り等、やるべきことに事欠くことなどはまず無いのである。

冬は特に、夜になると静かである。雪が降ってくると物音がしなくなるので窓から外を眺めて見ずとも分かるのである、深々と雪が降り積もって来る様が。大使館の外では大粒の牡丹雪が空から次々と舞い落ちてきている。そして無音。音がしないというのが合図である。

私は帳簿など、大きな複写カーボンになっている巨大な灰色の会計帳簿に下敷を差し込み、一つ一つ箇条書きにその日の支出した事柄を書き込んで行く。実はその作業がとても好きなのである、なぜだか生理的にその日の出来事をノートに記帳してゆくというその行為が私には合っているのだ。更に証拠書類（スーパーのレシート等々）を日付順にＡ４の台紙に糊で張り付けてゆく、家の家計簿などは付けたことが無いのであるが、張りあがったズシリと重く厚い台紙の出来栄えに自分でも満足するのである。

そんな時には必ず他国の同じ仕事をしている同僚の事を思い出す、アイツどうしているかな、あの彼女同じように電卓で検算をしているのだろうかとか…。でも実際は世界中に時差があるので実は別の事をしていたり、先方は南洋の熱い国でヒーヒー言っていたりするのだが。

そんな時によく国際電話をかけてくれる先輩がいた、「千嶋さん」と言って私には記憶がないのだが、何でも入省試験の時に私を相当にお世話し買っていたのだということで、

「『シマダ～』今どうしている？」

と何時も妙に馴れ馴れしい口調でとりとめのない、長電話をしてくるのである。ただ、何か私のことを心配してくれているという事だけは分かるので、何時も話を聞いているばかりなのだが、かけて来た彼の任地が南半球だったり、アフリカだったりするので、一体彼は何時までオフィスに居るのだろうと心配になる事すらある。

ノルウェーの大使館事務所は昔ながらの建物ではあるが、日本大使館の基本形とも

いうべきオーソドックスな間取りとなっている。大使室、次席公使室は玄関ホールから中央の階段をぐるりと2階に上がっての一番眺望の良い王宮に面した部屋を左右に分けて配置。1階玄関を入ってすぐには応接のホールがあり、そこから会計室、領事室、キッチン、現地職員の控室という風に仕切られていて、玄関から入って正面に堂々と構えているのが〝アドミニストレーション〟会計担当官の執務室なのである。中にはちゃんとした応接セットとその奥に大きな会計担当官の執務机が正面を向いて据え付けられている。

会計担当官の机の真横には灰色の大きくて巨大な会計金庫が据えられている。その金庫の鍵のダイヤル錠の立派さといったら何だろう、おまけに銀の鎖の付いた厳つい錠前が付属されていてそれはまた立派な燻すんだような緑色の羅紗の袋が付いているのである。

ただ、そんな立派な机や金庫でなくとも、会計担当官の仕事というのは普通の事務机があれば十分事足りているものであるし、ノルウェーでは支払は銀行の口座振替であるので、大した金額の現金は入っていないのである。

特に私の好きな作業の一つ、灰色の大きなA3判くらいある分厚い会計科目別帳簿にこれまたデカイ黒い下敷を当て、黒ボールペンでカーボン2枚の帳面に力を込めて強く記入して行く時など、多少大きめの机さえあれば事は足りるのである。

※

雪の夜の思い出と言えばビルレイパーといって、車で15分くらいの所に小山の連なる里山があって、それこそ中嶋さんやその近所の人達がボランティアで山を整備し、山小屋兼休憩所のような丸大小屋を建てTバーのリフト一基を設置し取り付けた小さなスキー場があった。リフト（Tバーと言って、結構最初はコツが必要で、リフトをくるりと回って来るT字型のバーをさっと股間に挟み込み、ワイヤーが伸び付属のバネの力で一気に引っ張られるまで暫く待って（ここで慌てると転倒したりする）から勢い良く滑り出す）、上るのに2、3分間、さっと5、6回ターンして降りるまでに一分位か、よく仕事を終え、軽い夕食を済ませた後に出かけたりしたものだった。

私の任地はノルウェーであるから、文字通りノルディック・スキー発祥の地でもある。オスロからはジャンプ台でも有名なホルメンコーレンというノルディック・スキーのメッカのような聖地があり、その山へは実は雪が降るとノルディック・スキーでそのまま山頂まで登って行ける専用のコースが出来上がるのである。

ただその以前、雪が積もる前には山肌の各地に点在している小さな湖たちがまず先に凍結する。

大きな湖ではないので氷が張るとすぐにもアイス・スケートが出来るようになる。日中小さな子供たちが元気よく滑り出すので、安全なのだと分かるのだが、気温が高く氷が割れて危険な場合には赤い目印の旗が何処か目に付くところに掲げられているものだ。ただ、氷は透き通っており、下の水は黒く澄んでいて、妙な言い方であるが人の瞳の奥のように深さが知れず、吸い込まれていくようにさえ錯覚され、私はその湖の下の底まで覗き込むことはしなかった。子供用にアイスピックをつなげた手袋を首から下げるようなオレンジ色の道具が販売されており、それは氷が割れて水の中に落ちた時に氷に突き刺して這い上がるための道具なのであった。なぜかそんなことを聞くと湖でのスケートも少し怖くなるような気がするが、やがて実はスケートも出来なくなるのである。

それは雪が積もるからであり、湖の上も一面銀世界となってしまう。でもそうすると今度はノルディック・スキーの轍が出来て、下から坂を上がって来ると平らな凍り付いた一面銀世界の開けた湖の上に出て、それを渡りきるとまた少し上の湖まで登れる、それはノルディック・スキーの初心者でも実体験ができる素晴らしい旅に違いない。そんな風にして市街地からホルメンコーレンの山の上まで案外簡単に登ることが出来るのである。昔はノルディック・スキーは生活のための交通手段の一つであったのだろう。

菊地公使もこのノルディック・スキーをしていて、帰り道に迷ってホルメンコーレンから反対側の山に下りてしまい、オスロへ戻れなくなって、どこかの民家に一泊させてもらったことがあった。翌朝にタクシーと市電を乗り継いでオスロまで帰ってきたという。

また、ある商社の方が近郊でノルディック・スキーをしてコースで楽しんでいると鈴を鳴らしながら身なりの立派な男性が追い付いてきて、

「貴殿の速度は遅いので、今後ろからコング・オラフ（国王）が参られるので道を譲っては頂けないか」

と丁寧に声をかけられたそうな。あっけに取られて道を逸れるとあっという間にもの凄い速さで国王が追い越して行ったという。

またその頃に一つ朗報があり、オスロのノルウェー大使館にも「在外公館派遣員」という私の所属する官房班の一員として一名の増員が認められた。これは私のみならず他の大使館員や、中嶋さんの仕事にも大きく影響することとなる。派遣員というのは当時の外務省の外郭団体で「国際交流サービス協会」という所から「便宜供与」を専門とする若手の職員が派遣されてくるもので、たいていの場合が2年から3年間、オスロの空港にやってくる政府関係者や外務省の出張者などの接遇を主に担当する役目で、私なども月に何度かは空港まで公的来訪者の送迎に赴くことが通例であった。私であれば会計関係の来訪者、例えば経済班であればその関係の担当書記官が空港まで出向いて送迎を行っていたのであるが、これからは派遣員が代行してその業務を

行ってくれることになるのである。但し、それらより上の身分の来訪者、皇族関係者や国会議員団などは大使或いは公使に加えて、一番経験豊富な中嶋さんが同行するということは従来と変わらない。

本省からの電報を受けて新たにノルウェー大使館に派遣されることとなったのは「川田憲志」君という24歳の若い男性で、官房班長として私が直接フォルネブの空港に迎えに行った。

その日は丁度フログネル公園で雪まつりが開催されている日で、日本からの長旅で疲れているだろうとは思ったが、念のためそのお祭りに興味があるかと誘ったら、即座に同行すると言って我が家の家族とともに氷の大きな滑り台を滑って楽しんだ。素直な好青年でその数年後のリレハンメル・オリンピックの開催の時まで大使館に勤めていて大いに活躍することとなる。

その後好奇心旺盛な川田君と一緒にノルウェー語を習ったことがある。北欧の国ノルウェーにおいても難民の流入という問題があり、中近東、東欧、アジアから多数の人々がこの国に入って来ているのだ。そんな人々（難民）の自立を促すために公立の学校で夜間にこの国の言葉ノルウェー語を無料で教えてくれるのだ。日本大使館に所属していて難民では無いと許可を取って、多くの異民族の人達と交流し楽しく初級講座を終えた。

日本人は予習復習を必ず行い次の授業に備えるから二人ともトップクラスの成績であったが中級講座に進むとそうは行かなくなった。やはり元が漢字の国の民と、アルファベットを基礎にする東欧の人達は素養が違うのか、全く出来なかった筈の生徒が不規則な言葉の変化を肌で感じ取って理解してしまうのだ。何人かのノルウェーの女性教師に言葉を習ったのだが、何れも凄く男性的というか積極的な指導をしてくれて、男勝りと言えばそのもので、まるで異性を感じさせないで指導してくれる。女性閣僚などが多数を占めているのもなるほどだと感じさせられる。

私の家の前が小学校でその校庭は冬の間水を撒くとそれだけで即席のスケート・リンクが出来る。子供たちはバンディといって、アイス・ホッケーの黒いパックの代わりのオレンジ色のゴムのボールを使って同様のゲームをする。

食後に私もスケートの練習を兼ねて隅の方をノロノロと滑っていると、子供たちがやってきてアイス・ホッケーのスティックを貸してくれて、人が足りないから、

「おじさんもゲームに加われ」

と言う。果たして前に進むだけがやっとの日本人では全く止まったパイロンに等しく、子供たちは動きの鈍い障害物をかわして次々にゴールを決めていた。まったくスピードが違うのである、けれど不思議な事に私の様な初心者でもアイス・ホッケーのスティックを持つとスケートが数段上達するのである、それはスティックを持つこと

で重心が前の方にかかり、初心者の足が先に滑ってしまい後ろに倒れるという失敗が格段に減るからなのである。

北国の子供たちはこうしてちょっと異次元のバランス感覚を身に着けているのだ。スキーでもスケートでもこの辺の運動神経と言うか、我々が歩けないような凍結した雪の坂道をいとも簡単に駆け降りて行ったりする。

オスロ市内にはもう一つビスレットといって有名な古くからのスピード・スケート・リンクがあって、毎年盛大に競技が行われていた。日本からもスピード・スケートの長距離の代表などがやって来ていたが、その当時の日本の長距離スピード・スケートの選手団には黒岩選手や若手の青柳選手なども含まれていたのだが知名度が低いのか、本来日本代表選手団なら大使が大使公邸で夕食などに招待することもままあるのだがそれも行われず、我々大使館の館員らで新しい日本食レストランがビスレットのすぐそばに開店したので一緒に夕食でも食べませんかと誘ったら、喜んで参加してきて、皆さん気取らない人達で何より開店記念に店のオーナーが大御馳走を振舞ってくれて、楽しいひと時を過ごすことが出来た。

その後10年以上経ってから、オスロへの出張でその日本食レストランを再度訪れたことがあったが、その日の晩にスケート選手団と皆で撮った記念写真が一番奥の壁の目立つところに誇らしげに飾られてあった。

(23) ノルウェーの森

皆さんは「ノルウェーの森」と聞いて、どのような風景や森を思い浮かべるであろうか？　非常に魅力的な場所なのだろうと想像されるのではなかろうか、その言葉には何か神秘的な響きさえ含まれているかのように思われる。

村上春樹さんの長編小説は、航空機でドイツの空港に着陸した時、機内に流れ出した曲「ビートルズのノルウェーの森」が発端となる物語であり、そこから主人公の記憶は1969年の秋へと遡って心理描写を辿ってゆく、激しい混乱と彼の思い出の世界の中で曲と重なり合っている小説であるが、恐らくは実際の風景とはまた別の物であろうと想像する。

ただあの「ビートルズ」のオリジナル曲であれば、シタール（注）やアコースティク・ギターを使った軽妙な出だしの雰囲気は、初めてオスロに到着した時の印象に例えるならば、オスロのもっとも著名な公園「ヴィーゲラン公園」の大理石の白い石像たちと遠くの濃い色の雑木林の中などを歩いていたら、浮かんでくるような歌だと、私は勝手に想像している。濃い緑の木々の間を抜けて行くと、少し盛り上がったような広場があり「モノリッテン」といって、1枚の花崗岩から掘り出した121人の男女が絡み合った裸体の像がある。その中に一人だけ下を見下ろしている女性がいる、私はいつもその像を見上げて彼女の顔を探し出そうとするのだが、不思議なことに見つかる日もあれば見つからない日もある。天気の良い日には抜けるような青空とホルメンコーレンの山々が見えている。

日本においてもそうであるが、北に位置する都市というものには必ず独特の哀愁のようなものを感ずる。オスロもそれに洩れず北国の薄く澄んだ低い青空が印象的で、なぜかモノリッテンの先から空までがすごく近くにあるように感じるのである。

果たしてビートルズが実際にヴィーゲラン公園を訪れたことがあるかどうかは不明であるが。

※

紹介するのが遅れてしまったが、ここでノルウェー日本国大使館のローカル・スタッフを紹介しておこう。

チーフ・クラークは無論「Aki中嶋」さんで、全てにはっきりとした意見を持っており大使館においてリーダーとして絶対的な存在。彼は痩身かつ長身で真っ黒な髪と濃い眉のハンサムな日本男性である。その他に高給を取っているのが「ピーター」と「メリー・トッパー」でどちらも元は英国の人、なぜ高給かと言うと大使館の仕事の一部としてノルウェーにおいて発行されている新聞の経済論調や日本関連の記事があった場合にそれを翻訳官が英語に翻訳し更にそれを各担当の書記官が日本語の「外務大臣宛て公電」と言う形にするという業務があり、このため毎朝開かれる新聞会議と言うのが大使館の重要な業務の一つだからである。ピーターはかなり年配の英国人男性でいつもハンチングを被って洒落た格好をしている。ただ髪が無いのでそれを隠しているだけかもしれない。新聞会議でも指導的な立場で懇切丁寧に解説してくれるので、新任の書記官などには無くてはならない存在だ。毎年の大使館全体で行うクリスマス・パーティではその年に起こった重要な出来事を自分なりに歌にして英語で披露するのが恒例の余興になっており、他のローカル・スタッフからはそれが20分位続き長いのでその評判はあまり良くない。メリー・トッパーも同じ翻訳官で長身かつその知性と相まって魅力的な女性で、私のつたない英語ではあるが会話するとウイットに富んでいて思いやりのある実に奥深い英語を話す。寒い冬の朝に紫色の革の手袋をして上気したような顔をして遅刻寸前に事務所に入って来る姿がいつも印象的であった。この二人の翻訳官はまさに親日派で、その教養と洞察の深さによって大使館業務を大いに助けているのである。

それから大使秘書の「ヒルデ」経験も長くプロトコールの仕事は完璧にこなす。大柄で身も心も強いまさに北欧の女性である。大使はまるで彼女の命によってアポ先へ赴いているようにさえ見えてしまうのである。次席の公使秘書は「シーヴ」さんで、日本への留学歴もあり日本語も少し話すフランス人形のような金髪の美しいお嬢さんで「六本木ではものすごくもてたのよ」とおっしゃる。余談だがノルウェーは美人国としても有名で、ミス・ユニバースの栄冠を勝ち取ったのがオスロ市内のおもちゃ屋さんの店員さんだったりする。

領事部は「酒井」さんといって中嶋さんより少し遅れてノルウェーに流れてきて住み着くようになった、日本人男性の草分けの一人で学者肌の男性である。今や領事事務に関しては一番詳しく、本チャンの領事よりずっと実務経験が豊富で仕事ができる人である。やさしく無口な人で領事部からはあまり出歩かないので話す機会は少ない。領事部にはもう一人非常に聡明な「ベンテ」という赤毛で大柄な女性がいて、少しシャイな所があるが時折大使秘書や公使秘書の代役も務めることが出来る万能選手で、彼女は日本への留学歴もあり日本語を流調に話し上手であった。

運転手は館長車が「エスコ」ユーゴスラヴィア出身でサッカーの選手でもあった。父と二代続いての大使車の運転手である、何時もコートを肩から羽織ったりして、気の良いいわばハンサムな伊達男で格好は良いのだがまだまだ若い所もあり、時々公邸シェフの瀬戸さんから窘められたりしている。ある時、見事な紫色の長い襟巻をして事務所に登場したので、

「とてもカッコよく似合っているよ！」

と言ったら、直ぐ傍にやって来て、やおら着ていた襟巻を外して私の首に巻き付け、ミスターこれはあなたに差し上げると言ってウインクをしたのだ。ちょっとカッコ付けすぎの所があるとも言える。

館用車運転手は二人いて一人は「ポール」巨大な大男で元はアイルランド人、勤続勤務も40年近く、とにかく陽気でいつも「ビージ・ビジー・ビージー」（忙しい、忙しい）と唱えている割には仕事はあまりせず、もう一人の若い方の運転手「ペール」がいつも割を食ってしまっている。

私の顔色を見ては「ギンコ、ギンコ！」と喋り、まあ一緒に居て楽しい人ではある。怪力の持ち主でその当時の館用車ボルボの窓を開閉するレギュレータハンドルを簡単にへし折ってしまう。確かに当時のボルボのそのハンドルは時計方向と反対回しなので、勢いよく窓を閉めると彼の力ではポッキリ根元から折れてしまうのだ。ボルボ・ディラーはそれが欠陥であることを承知しているのか、いつも交換料金は無料であった。年に一度3月17日のセントパトリックディには必ずアイリッシュ・コーヒーを館内の人全員に振舞ってくれるのである。まだ肌寒いようなその時期にそのコーヒーの濃さといい香りといい格別に良い味がするが、それもその筈、アイリッシュ・ウイスキーが半分くらい入っているのである。コーヒー一杯を飲み干すと、暫くは仕事が出来なくなってしまうのであった。

「ペール」はまだ二十代半ばで若く朴訥なノルウェーの金髪の好青年であった。ノルウェーの福祉に手厚い社会制度によるものであるか、奥さんと共稼ぎをしていてもその生活は相当に苦しいらしくボロボロのアメ車を所有していた。片やこの国の老人たちは新車のカローラを買って余生をおう歌している。普段は本当に勤勉によく働く若者なのであるが、そういったストレスもあるのか年に一度はバクハツするのである。現地職員さん達のキッチンで大声がするから覗いてみたらそれはペールであった、普段は大人しく従順かつ働き者であるが、その時ちらりと見た彼は別人のようであった。ただ周りの人達も皆やさしく頷きながら彼を見守っている、そっと言いたいことを全て言わせせて、また聞いてあげるという風であった。

もう一人、掃除婦の「マリエ」さんが大使館にいて、館内事務室全ての掃除、ゴミ集め、雑巾の洗濯、トイレ掃除、年に一度のカーテンの洗濯に至るまで、一人でまあよく働いてくれるのである。その当時で60歳くらいであったか、髪の色は既に金色から銀色に変わってしまってはいたが、がっしりとした体つきで、中嶋さんはいつも感謝の言葉をかけていて「ノルウェーでも昔の人達は勤勉でよく働くのだと」いつも褒めていた。

大使公邸には3名のローカル・スタッフがいて、メイドの「ヒステン」は小柄で黒髪のデンマーク女性、すばしっこく頭の回転の速い女性で、一人二役くらいは軽くこなす、ちょっと「ムーミン」に出て来る玉ねぎ頭ですばしっこい動きの「ミー」に似ているような気がする。御主人は日本の方でオスロ市内でレストランを経営していた。もう一人アジア人のメイドさんがいたが途中で退職し、後から若く初々しいフィリピーノの「フェアリータ」が採用された。第三国人らしくないナイーブで、優しい女性だった。あと一人は庭師の「ユーソー」で立派な口髭を生やしており「名探偵ポアロ」は同じような口髭で有名だが、ユーソーの方が髭、体格とも数段立派に見えたものだ。力は強いが器用な人ではないと思っていたのだが、ひょんなことから浅尾大使、瀬戸さんに見込まれて、庭師と兼務で公邸の会食の際の執事（バトラーサービス）まで任されるようになってしまった。

大使館員（日本から来ている外交官）の数は10名。浅尾大使、菊地次席公使、T防衛駐在官（防衛省から派遣されてきている『武官』という特別なステータスでNATO（北大西洋条約機構）各国の駐在武官と独自の外交関係を持っている）、児玉総務・政務書記官、経済アタッシェのN書記官（運輸省より）、A書記官（通産省より）、儀典・プロトコール兼広報文化担当のI書記官、松村語学研修生、領事及び警備担当のO書記官（警察庁より）、会計担当官（私）、篠崎電信・文書担当官の構成である。

現地職員の数は約15名で、北欧では中くらいの規模の大使館である。ただ私の勤めた公館の中ではポートランド＝4名、オマーン＝6名、ノルウェー＝10名の順であり、私にとって過去最高の規模を更新し一番大きな大使館の職場であることに間違いはない。

(注) シタールとはインドの弦楽器で、モントレー・ポップ・フェスティバル、ウッドストックへの参加などで伝説的なまでの称賛を得たその元祖「ラビ・シャンカール」は世界的に著名な演奏家。この曲の演奏に加わっているビートルズのジョージ・ハリソンはその後に彼の門弟となり、シタールのみならずインド哲学をも学び続けることとなる。

㉔ AKI・中嶋

私の今回のノルウェーでの在勤において最も重要なキー・ポイントとなった人物といえばまずこの「AKI・中嶋」(中嶋好昭さん)をおいて他にない。ハッキリとよく通る声、180センチの長身、真っ黒な頭髪と濃い眉に切れ長の目、写楽の描いた二枚目の歌舞伎役者のようですらある。

中嶋さんはこのノルウェーという国に最初(と言っても戦後になって復興した日本からということだが)にやって来た日本人男性のパイオニア的存在であった。その後から「豊増孝志」さんと領事担当の「酒井」さんもオスロにやって来るのであるがその話はまた別の章に譲る。

彼がこのノルウェーにいかなる理由で住み着くこととなったのかは知る由もないのだが、彼がこの北欧の国をこよなく愛し、最後までこの国と日本のために尽くし殉じたということだけは伝えておきたい。

そう言うと話が湿っぽくなったが、彼はノルウェー日本国大使館の官房班付き兼チーフ・クラークとして働いてくれていた。日本国大使館に於いてこのチーフ・クラークと言うポジションが日本人であるということは実は極めて少なく、私、会計担当官としては強力なる助っ人を得ていたことになる。

日本国大使館という所はそれぞれの外国においても特殊な所であり、現地職員さん達は通常の会社の雇用形態とは異なり、雇い主は日本国政府であり、現地職員は直接そこに雇われている形をとっている。組合と言うものはそもそもが存在せず、毎年一般的な給与改定に伴う労使交渉と言うようなことも行わない。

毎年ベアに応じた改定分を現地職員管理官たる在外公館長か、出納官吏が成績に応じて分配するのである。その際の仲裁的役割を負うのがチーフ・クラークでそれが日本人でない場合には往々にして現地職員の側に立った立場をとり要求をするもので、一年に一度の交渉が常に難航する理由である。それが日本人であれば当方の財政事情を説明することで理解が得られ、しかもその交渉が日本語で行われる。しかし、その役柄はまず現地職員全員の信頼を得ておく必要があるわけで、他の任国人ローカル・スタッフからの信頼を得ていなければ務めることが出来ない役職でもある。その点、中嶋さんは皆から「ＡＫＩ」と呼ばれ、殆どのローカル・スタッフから厚い信任を得ていた。

※

我々が初めてオスロの空港に到着した時、まず中嶋さんが我々に指導してくれたのは、

「雪靴を買いに行きましょう」

　ということだった。

　マイナス20度近くになる雪道を、こういった北欧で売っている専用の靴でなければ、表を歩くことすら出来ないのである。当時のオスロでは土日の商店は殆ど営業を行っておらず、しかも直ぐにもクリスマスである、この先正月明けまで我々親子三人は自力で歩くことが出来なければ、何より生活が出来ないわけである。

　飾り付けられた街の雰囲気を楽しみながらではあったが、この国に着いてまず最初に長靴の様な靴を新調したのだが、それは自体あまり気分が盛り上がるというものでもなかった。

※

　そしてまず我々の住む住居探しとなり、家を何軒か探してくれた、しかし真冬は引っ越しの時期としては非常にタイミングが悪く、前任の吉澤書記官の住んでいたアパートは至便なところにあり、当座仮住まいをしたが、契約期間が3ヶ月程度しか残っていなかった。

　丁度お隣に住んでいるのが日本企業のＹＫＫ社の日本人の方の家族で、そこの長男の男の子は吉澤さんの事をあだ名で「総理」と呼んでいた。日本大使館に勤める偉そうな人で、毎日しかめっ面で、背広を着てカバンを持ち全く同じ時間に出て行って、全く同じ時間に帰って来るのでそう名付けたのだそうである。

ノルウェー（オスロ）に居住する際の特殊事情として、営業目的で家（一般家屋）を貸し出すような人が恐ろしく少ないのである。所謂商業目的で事務所を貸し出すような業者は多々あるのであるが、一般的な住居、戸建てアパートを問わずそれを貸してくれる人と言うのは、海外赴任か何かの理由で一時的に空き家となるようなものしかなく、その年の冬、それはＡＫＩ中嶋をしても相当に困難な作業であった。我々としては前任吉澤さんが住んでいた集合住宅アパートが希望であったが、中々そのような物件は少なく、街中ではあるがかなり古く、日本で言えば団地のような物件が数軒あったが、その場合には専用駐車場が無く、大使館から帰宅後に一般道路の路上駐車個所を探して駐車する必要がある。

結局その年は家探しの時期としても非常に悪く、「貸家を求む」と新聞広告を掲載（これはもちろん自費で支払うので長期化するとかなりの経費となる）したり、中嶋さんをしても良い物件が見つからず、家探しはかなり難航した。

当時の私の肩書は「三等理事官」で住居手当は5号と言って一番下のランクであった。オスロと言えども首都である、安価で広い住居などは望むべくもなく、車で20分ほど走った郊外の、小学校の校庭に面した六軒長屋の手前から三番目の家を借りることが出来た。間口は小さいのだが地下も入れて三階建てで、両隣がくっついた家屋なので暖かく、採光が悪いのを除けば案外快適であった。

ただこの家も契約は18ヶ月間で、任期中には多分もう一度引っ越しをしなければならない。

天は二物を与えずというが、中嶋さんはいわば営業の外回りや交渉事が大の得意であり、どちらかと言うとデスクワークは得意な方ではなかった。しかし、この国ではノルウェー語が標準であり請求書の類は中嶋さんが開封して鉛筆書きで内容を翻訳してもらわないと判読が出来ず仕事にはならないのである。中嶋さんの字は走り書きではあったが大きな文字で至極読みやすかった。ただ彼は多方面に忙しく、それこそ私に限らず他の館員すべての家探しから、大使公邸の買い物についてまで手伝っており、その日に到着した請求書の束がそのままあくる日まで積まれたままと言うようなことなども時々あった。

彼はスポーツをこよなく愛し、冬はスキー、初夏からはテニスと随分一緒に楽しく遊んでもらった。特にテニスは、公邸にアンツーカー・赤土のテニスコートがあり、春先に雪が溶けてから、まずローラーを轢き、大量の新しいアンツーカーを撒きまたローラーをかけ、十分に馴染んだところで白線のテープを釘で打ち付けて行く、それらを、公邸の庭師のユーソーと、中嶋さんと二人でやっていた。

中嶋さんのテニスを一言で言うと、その性格を映して身も心も「熱いテニス」であった。丁度活躍していたテニスプレーヤーに例えると「ジョン・マッケンロー」そのもので、「今のがアウトか?」とか判定に異議を唱える所までそっくりであった。ただ、浅尾大使に帯同して公邸料理人の瀬戸さん父子がやって来て、最初は中嶋さんに全く敵わなかったものが見る見る上達し（親子ともが抜群の運動神経なのだ）、毎日公邸の隅で練習をやっていて、試合でもほぼ同等のレベルになると、随分と大人しくなった。

というより、同年代の日本男性の友人が出来て、彼自身ももののすごく変わったのだと思う。瀬戸さんと二人で「ビューティフル・フォーティーズ」（注）などと命名し悦に入っていたものだ。

瀬戸さんの息子さんは当時まだ13、4歳だったと思うが「ボリス・ベッカー」のファンで真似して200キロ？　の弾丸サーブを打つようになると、俄然ゲームも盛り上がり、公邸に集まるメンバーで熱く楽しくゲームをして短い夏のシーズンを楽しんだものだった。

※

当時のノルウェーの物価は恐ろしく高く、カールヨハンゲートにマクドナルドが開店し大変な評判になったが、その値段も恐ろしく、所謂ビックマック・コンボ（ハンバーガーとコークとポテトのセット）が日本円に換算すると2000円以上もするのであった。

近所の魚屋さんで、小ぶりのしかも固いコッペパンのようなものに茹でた小エビとマヨネーズを挟んだパンが一つで約７００円した。領事受付をしていたノルウェー人秘書ベンテの昼食は、雑穀だらけでまるで鳥の餌のようなシリアルに牛乳をさっとかけて、大柄な彼女でもそれだけが昼食である。

そんな中でまさに年中無休、我々大使館員が昼食によく通う一年中やっている「上海」という中華料理店があり、便利な事この上なかった。その当時から昼食の一品一皿が１４００円位であったか。日本の物とは比べ物にはならないがきし麺のようなラーメンもあり、辛味をたっぷり入れればそれなりの味がしないでもなく、これも同じ位20クローネ＝１４００円した。その壁に掲げられているメニューの中には中国語で「中嶋特別」と言うのがあり、牛肉も少し入りタケノコやきくらげ、ようするに日本人が好むようなものを全て入れて格安で提供してくれる、中嶋さんが自ら上海料理店に頼み込んで出来たメニューすらあったのだ。しかも、彼らしく一品の価格は他の品々と同価格に抑えられている。

中嶋さんの真骨頂はこれだけには留まらず、国会議員調査団とか大使館に訪れる来客の中でも上位のもの（所謂便宜ＢＢクラスのもの）が来訪となるとその力を更に発揮するのである。オスロ市内の土産物店などには殆どの店に顔が利き、免税価格はもちろんであるが、高価な品物の場合は彼なりに熱っぽく交渉して更に値を下げさせるなどと言うことは朝飯前であった。その彼ですら驚いたというのが市内でも一二を争う高級土産物店で、ハンガーにずらりとぶら下がった高級毛皮のコート、両手を広げてここからここまで全て購入すると言った国会議員の先生がいたのだとか、それ以後中嶋さんがその店に行くと必ずお茶が振舞われると言うことである。

中嶋特別ではないが、市内の料理店に掛け合って、トナカイ（レインディア）、雉、鹿などのジビエ料理がノルウェー料理の特産だが、日本人向けにその三種を少量だけ皿に盛って出すという技も編み出した。日本からやって来る国会議員団と言うのは、たいていの場合が一時間以上食卓にじっと座っていられないのである。

当時、隔年置きに冬になると当地を訪れる「三笠宮寛仁親王」殿下（通称髭の殿下として有名）の来訪は恒例の事となっていた。この頃は中嶋さんが最も張り切る時期でもある。

三笠宮寛仁親王殿下と言うのは、その奔放なる行動と歯に衣着せぬ発言で有名であるがそれは、所謂外務省幹部にとっても頭痛の種であり、諸外国に外遊の際などには在外公館長たる大使、総領事を問わず来日の面前で叱りつけるような事があり、飛行機の乗り継ぎ経由地等において、ご挨拶に伺う主だった大使連からはまさに恐れられている存在だと言っていい。

ただ、三笠宮殿下は当地オスロに来訪されるとまず、「公邸での会食などは不要であるが、『中嶋』を貸せ」と言ってリッデルレンの身障者スキー大会へ中嶋さんを伴って地方へ行ってしまう。それに同行して中嶋さんは通訳兼秘書として大活躍をする。日本からも視力に障害のある人達が鈴をつけた伴走者と一緒にノルディック・スキーの競技に参加するのである。今はパラリンピックなどで一般にも知られているが、当時としては画期的なことで、それがあまり日本に於いて知られていなかったのは残念なことでもある。実のところそうしておきさえすれば、八方丸く収まり、殿下もしばし上機嫌で帰国の途に就かれるのである。

中嶋さんもその後日本に一時帰国した時などには、赤坂御用地の三笠宮邸へ直々招かれていたという。

それで、若干仕事が滞って困るのは私なのだが、途中からは豊増さんが大使館に入って代行してくれるので実のところ余りその影響はなくなっていた。

中嶋さんは運動万能であるが特に、スキーは得意種目で、私も随分教えてもらった。特にオスロ近郊の小さなスキー場ではTバーという簡易なリフトが一般的であり、子供のころからTバーに乗り慣れていて育ってきたノルウェーの人達と違って、日本人のスキーヤーであれば中級位の技量が無いと、なかなかスムースにリフトに乗ることすらできないのである。私は指導の甲斐もありおかげさまで長女（6歳）を股に挟んで難なくリフトで上がることくらいは朝飯前となった。最もこちらの子供たちは、私がミスして1台Tバーをやり過ごしてしまったりすると、スケーティングで無人のそれに追いつき、パッと股の間に入れ先に登って行ってしまうのだが。

その後、2003年にはノルウェー大使としてオスロに戻って来ることになるのは「齋賀富美子」さんで、中嶋さん、豊増さんとは旧知の仲であった。確か齋賀さんが語学研修生としての最初の任地がオスロであり、彼らはごく仲の良い友人としての付き合い始めた一時期があったのである。だが、齋賀さんはやがて日本人女性として傑出した存在となり、埼玉県副知事、外務省人権担当大使、国際刑事裁判所の裁判官なども務め、世界の国際機関において名立たる国際派の日本人女性としての活躍が期待されていただけに、若くして夭折されたのは誠に惜しいことであった。ただ、旧知の間柄でありながら現地職員として全く身分上の変化が無い中嶋さんとして、言葉にこそ出さないが、何かしら心理的な葛藤、忸怩たる思いのようなものがあったろうと想像する。

中嶋さんと豊増さんはいずれも現地の方と結婚してお子さんもいた。中嶋さんの奥様は大柄で金髪のまさに北欧美人と言うような女性、私が赴任した当時はよりを戻していて、家族で暮らしていた。ご長男は日本人と言っても良い風貌で、スーパーの駐車場でアルバイトをしていたことがあるが、彼にあすこに車を駐車するよう指示されて顔をまじまじ見て驚いた、中嶋さんと全く瓜二つなのであったから。もうひとりハーフの容姿をした綺麗な妹さんがいた。お宅にお邪魔すると巨大な「ジョセフィーヌ」という黒い犬が出迎えてくれて「ヨシ」と言われるまでは決して用意された彼の食事に手を付けないのだが、人間と同じくらいの頭がテーブルの上に顔をだし、口の周りは白いよだれだらけで震えながら待っているので、こちらの方が落ちつかなかった。

豊増さんの奥様は全く違って地味な感じの優しそうな方だった。5、6歳奥様の方が年上であった。男のお子さんが三人いて私が出張でオスロを再訪した時、中嶋さんと豊増さんで奮発してSASホテルの最上階の高級クラブに招待してもらったことがあった。その時に息子さんの一人と店内で鉢合わせして、ここに出入りが出来るほどの稼ぎがあるのかと、豊増さんが嘆いているのか悔しがっているのか、ともかく感嘆している様子が妙に可笑しかった。

中嶋さんは酒は滅法好きであったが、さほど強い方ではなく完全に出来上がってしまうと意識が飛んだり他人に絡んだりする事があるが、豊増さんは物凄く酒に強く一度たりとも取り乱すようなことは無かった。酔った中嶋さんに逆に説教をし、担ぐようにして帰るのが常であった。

※

夏になるとアーケーブリッジと言って、港に突き出した堤防の様な大きな地域があり、それは夏の市民の憩いの場所でもあった。ただ、今は高級アパートが立ち並ぶセレブの町のようになってしまっているが、昔はパブや土産物屋が数軒あるようなごく庶民的な場所、ただの堤防だけであった。当時はまだのんびりとしていて、そこへよく誘われて中嶋さん、豊増さんと私で仕事帰りにビールを飲みに出かけた。

その本来の堤防の突先に停泊している漁船を覗いては声をかけ、海水でゆでた小ぶりのエビを洗面器一杯ほど買う。これがまた酷く安価で、屋外のベンチか何かに腰掛けてエビをつまみに一杯やるのである。ノルウェーの人達はその茹でエビの皮をむいて食べるのが物凄く早く、同じ日本人同士で割り勘にしないと合わないのだそうである。夏になった醍醐味はこれなのだと豊増さんは力説していた。

私がノルウェーの大使館に在勤していた際の最大の功績と言うならば、それは「豊増孝志」さんをＪＥＴＲＯオスロ事務所から引き抜いて大使館職員として雇用したことであろう。中嶋さんにとってみれば彼は無二の親友であり、中嶋さんが私に特別親しくしてくれていたのはそのこともあると思う。豊増さんは豊増さんで非常に義理堅い人で、私がオスロを離れた後からもおよそ30年間に亘り、

「豊増家の一年」

という便りをクリスマス・カードと共に送ってくれていたのである。

（注）その当時女子プロレスの世界で「ビューティ・ペア」と言うのが人気を博しており、日本からやってきたばかりの瀬戸さんがそれをもじって大使館内に流行らせたのである。

(25) 夕暮れまでゴルフ場に居て

その当時のノルウェー大使館の次席は菊地康典公使で、何事にも非常にはっきりとした意見を持った人であった。色黒で目付にもちょっと鋭いところがあり、いわゆる強面といった感じがする。外務省といってもやはり官庁であるから、所謂官僚的な匂いのする人(下には厳しく、上には諂うといったような言動が生来から身についてしまっている役人然とした人)というのはごく身近にいるものだが、彼は全く違っていてむしろ彼独自の哲学を持っているようだった。

若手の館員の中には彼から注意を促されることを特別恐れている人もいた。大使秘書で大ベテラン、大柄でいかにもノルウェー人らしい体も気持ちも強い女性のヒルデさんも時折、

「あの人は難しい人だ」

とこぼしていることがあった。公使秘書のシーヴさんはまだ二十代のお嬢さん、見事な金髪でフランス人形のように可愛らしい顔をした女性だ。少しの期間日本の広尾の近辺に住んでいたこともあり、帰り際に「お疲れさまでした」と目配せするように

チャーミングな挨拶をしていたのだが、その言い方は、日本ではまるで水商売のようだから止めなさいと直接注意をされてショゲていた。

館内でもそういう風だから、ドーナッツ現象的に、彼に寄り添って語り合うような人というのは少なく、親し気に会話を交わすというのはせいぜい大使くらいであったと思う。

ただ、私はというと、仕事上の事で、正面から叱られたこともないし、あれこれと注意をされたことも無かった。何も言わないが彼流に信頼をしてくれていたのであろう。

余談になるが、大使館への監査で会計検査院がやってきた時、会計検査というのはちゃんとやっているのが基本で、確実無比でなければそれこそ指摘を受け、適正・正確に業務が出来ている時も決して褒めるということはしないのが原則で建前としているが、その時の検査院の担当調査官が珍しく菊地公使にこれだけは褒めても良いと耳打ちしたのだそうだ。検査の実施以後に彼は、

「よかったな」

と顔を上げて言っただけであるが、十分私には意味が通じたのだった。

気候的にノルウェーは冬が厳しく長い、冬に太陽光線を浴びる機会が少ないため、くる病予防のビタミン錠などを飲用していた。

それ故に短い夏を有意義に過ごそうということで、浅尾大使以下仕事の無いものは極力早く帰宅しようということで、夏は定時（午後5時）で切り上げて良いというお達しが出ていた。浅尾大使は元外務審議官と言って、外務省の中でのナンバー3（外務大臣、次官の次）のポジションにいた人で、やはり外務官僚的な匂いのしない人であった。

北欧の夏の有難味というか、住んだことのある人ならだれもが感じることなのであろうが、夏の暖かさを肌で感じるということも幸せの一つなのである。冬の長さを耐えている時間というものがある以上、その逆の春夏と言う季節の感じ方そのものが違うのである。それともう一つ長い夕方の時間というものがある。夕暮れはつるべ落としの速さに陽が落ちるのは日本の緯度であり、北欧のそれは長く美しい夕焼けが暫くの間続くのである、深々と冷えて来る清涼な空気と相まって、それはなぜか特別な感じがする。

それで私も、週に二度ほどであったが、軽めの夕食を摂った後、オスロの南西にあるボグスッタドという山間のゴルフ場へ練習がてら通いだした。その当時午後8時ごろのゴルフ場というのは閑散としていて、ショップもレストランも閉じた後で、誰もいない。1番ティーの横にビジターの場合は料金を入れる為のポストがあり、料金を支払ってからプレーするようノルウェー語の張り紙が貼ってある。実に悠長なものである。たいていの場合は一人で1番ティーからスタートしてゆくが、時間的にも18ホールを通して全て回れないことは分かっているので急いでプレーする人もいない。北欧の淡い夕暮れの陽差しの中で、清涼な森の気配が深々と澄んだように冷たくなってゆく、淡い色の青空と、緑からオレンジ色に変わってゆく稜線を一人で歩いてゆくことすら不思議な気分がするものである。一言も言葉は発せずに、ボールを打った時の音だけが一瞬野山に響くが、すぐに冷気の中に吸い込まれてしまう。

とにかく人影もまばらで、空いているから一人で行って、最初はホールの順にプレーするが一番遠くの9番、10番ホールを回ってくると遠回りとなり完全に暗くなってしまうので、途中を端折り、勝手気ままにプレーしながら帰ってくる。

週に二度ほどの夕暮れのゴルフであったが、ある時必ずと言っていいほど同じような服装の人影を見かけることに気が付いた。それは、遠くの丘の上を行く姿であり、あるいは数ホール先のテイーグラウンドであったりするのだが、白い上着に水色のドゴール大統領が被っていたような上が平らな帽子、おそらくハーフ・セットの軽そうな赤のタータンチェックのゴルフバッグ。ある日数ホール先をラウンドしていたその人物が、丘の上から斜めに下りてきて声をかけてきた。

「君じゃないかと思っていたんだ、一緒に回ってもいいかな。もっとも僕は運動のためにしているので、スコアは付けないんだけどね」

それはなんと菊地公使だった。

そうして菊地公使とは週に何度か一緒にプレーすることになった。

菊地公使のプレーは性格を反映してか、ひどくせっかちであるが、元水球の選手であったということで、ティー・ショットは強烈なバナナボールなのだ。恐ろしく右手のリストが強い。そのためティー・ショットを放つと左に大きく曲がって森の中へ、二発目恐ろしいほど右の方を向いて打つと今度は真っ直ぐ飛んで池の中へ。

ショットを打つ度、上手くいかないと、

「ちくしょう、ちくしょう」

と言いながら、3発目が低い当たりでゴロでも兎に角前に転がると、

「行こう」

と言って先に行ってしまう。

私も決してゴルフが上手い方でもないが、北米ポートランド勤務の頃に結構ラウンド数はこなしているのと、スコアは気にせずに、アイアンかウッドかその日によく当たるクラブを使うので、菊地公使に嫌がられるほどのスロープレーでもない。

私が週二度ほどでも、必ずといってよいほど見かけるから菊地公使はきっと毎日の日課にしているのであろう、日の暮れかけたゴルフ場を日没までこうして一人でラウンドしている、最初に見かけたときにはなんと孤独な人なのだろうと思ったりしたも

のだ。

そんな風にして、夕暮れのゴルフ場を自由気ままにラウンドして、午後11時も過ぎて暗闇が辺りを包む、パー3のショート・ホールでティー・ショットを打って真っ直ぐに飛んだだろうことだけは分かるがフェアウェイを真っ直ぐ探してもボールは見当たらない、グリーンの上にもない、よって最後はホールの中をのぞいて（入っていたためしはないのだが）、ボールは探さずに、もう帰ろうということになる。

そんな風にしているうちに、もう一人同じような孤独な人間が仲間に加わってきた。それは背の高い英国人で、チェックのハンチングにベージュに近い色のウールのセーターと口髭。彼はスチュワートといった。英国紳士と言えばなるほどと思えるほどスマートでダンディなスタイルをした男だ。ゴルフは上手く恐らくハンディ・キャップ10を切る位であろうか、まったく腕前も、見てくれも違う三人だが、夕暮れのゴルフ場でお互いを見つけると少しずつ間合いを詰めるようにラウンドしては最後に必ず一緒になる。

菊地公使は、

「ちくしょう、ちくしょう」

と言ってプレーしている。

スチュワートはゴルフのアドバイスなどは一切せず、パイプを銜えながらただ黙って空の色みたいなブルーの瞳でずっと前を見ている。

私も時折良いショットが出ると、彼は、

「ナイスショット」

などとは言わない、短く一言、

「グッド」と呟く。

その声が聞こえる時は咥えたパイプタバコの甘い香りが屋外でも漂ってくる、本当に気持ちがよい雰囲気にしてくれる。

三人、言葉を多くは交わさないが、ただただ、北欧の夕暮れのゴルフ場で日没近くまで黙々とフェアウェイを歩いて、立ち止まり、クラブを振りボールの行く先を見つめているだけ。こんな風に何も考えず心地よい自然の中で時を過ごしている。夕暮れの迫るゴルフ場でこんな不思議な感覚を味わっていた時間のことを忘れることができない。

※

蛇足になるが、菊地公使がその後転勤になり、約一年位が過ぎた頃であったろうか。

「センチメンタルジャーニーだよ」

と言って、オスロを訪ねてきたことがあった。短い期間の出張で面会する人も多数いて忙しい滞在ではあったが、他の誘いはさておき、夕食よりも晩夏の夕暮れのゴルフ場へまず誘ったのだ。

彼も快諾し、一年振りで淡い夏のフェアウェイに出た、それだけでも気持ちの良い夕暮れであったが、何ホールかプレーしていて山の上から降りてくる男性がいる、見慣れた風体！　しかもこちらへ向かってやって来る！　それは何とあのスチュワートだった。

三人ともこんな愉快な気持ちで笑いあったことは無い。

なんという偶然だろうか、こんなに愉快な夜を過ごしたことは無かった。

真夏の夜の夢か？　北欧の妖精のトロールかヨールキップか、化かされているのではないかと、日暮れに深々と冷え込んでくる緑の芝の上で頬をつねってみたが、嬉しさと懐かしさで何も感じなかった。僕ら三人だけが日の暮れるまで至福の時を与えられていたのだ。

ゴルフとはそもそもが、夕暮れまで家に帰りたくない孤独な男性たちが生みだしたスポーツなのかもしれないと思った。

(26) 浅尾大使

日本国の特命全権大使と言う地位にまで登りつめた人には、必ずと言ってよいほど何かその人独自の「世界観」でなければ「日本の外交に対する心構え」と言うような信念を必ず持っているように思う。

浅尾新一郎大使も僕の生涯で出会った数多くの上司の方々の中でも傑出した人物であったと記憶している。

浅尾大使は元外務審議官と言って外務省の中で3番目の地位にいた人である。だから必ずしも偉いということではないのであるが、父君は浅尾新甫といって、日本郵船の社長を務めた人で、明仁天皇妃美智子様とも遠縁ということになり、外務省内に於いても明らかに一味も二味も違うサラブレットの血筋に違いない。

また、道子夫人は省内の幹部の間にもファンがいるほどでしとやかで美しい方であった。その父君は侍従長を務めた三谷隆信氏でこれも銘家のご出身ということになる。しかし、ただ銘家の出だから良い方ということはもちろんなく、その逆に意地の悪いような方も多々いるのは事実であるが。

Ｙ大使の後任として浅尾新一郎大使が来ると聞いた時にその大物ぶりと言うより、何かの事情があるのかとむしろ思ったくらいである。少なくとも、文藝春秋誌にも掲載されている「霞が関コンフィデンシャル」などの情報通のコラムにも掲載されていたことがあり、元外務審議官であれば「Ｇ７先進七か国」の大使くらいが相応であろうという風に書かれていた。

まあ、そんな下世話な話は別として、大使ご夫妻は公邸料理人として「瀬戸さん」ご一家も帯同してきた。瀬戸さんはホテル・オークラにおいても著名なシェフの一人で、後には迎賓館に於いて国賓への接遇料理の総指揮を任されるほどの人物である。一説には手塚治虫の漫画「ザ・シェフ」のモデルになった人ともいわれ、その真偽は別としてそう信じても良い位の実力と見た目（なかなか渋い中年の俳優さんのようだった）を兼ね備えていた。彼が公邸の料理などで会食の直前でも慌てふためいているような所は見たことが無かったし、何時の公邸会食の前でも余裕綽々、キッチンで腕組みをして構えて待ち構えているような所しか見たことがなかった。

都合の良いことに当時の大使公邸は広大な敷地に加え、門を入って本屋の前の大きな車寄せを挟んで、北欧の絵本に出てくるような木造の門番小屋（と言っても日本の３ＬＤＫの戸建て住宅よりはやや大きいかもしれない）があり、そこに瀬戸ファミリー、夫人と、長男の三人が居住することになった。

瀬戸さんの作る料理が絶品なのは言うまでもないことであるが、瀬戸さんが公邸で饗する料理には「松、竹、梅」と三種類があって更にそれに＋Ａというものが付くことがあった。

私自身そのランクのうちで「松」と言うのを一度だけ頂いたことがあるが、残念なことにはそれ一回切りである。因みに一番上等な「松＋Ａ」というのは、本邦から皇族が訪れた時などに饗する更に特別な場合である。

いずれも浅尾大使と瀬戸さんが協議して決めるのであるが最後は、

「島田君それでいいね」

と同意をとられる仕組（私が異議を唱えられる筈もないのであるが）となっている。

ただ瀬戸さんは日曜日に行う公邸でのテニスの時などには中嶋さん含め、昼食に簡単なスパゲティを出してくれることがあり、運動のすぐ後の空腹時だし、それが最高に美味いと感じることに変わりはない。

一度だけ「松」定食を頂いたのは会計検査院の実地検査を受けた時であり、その当時は悠長な時代でもあったか、実地検査に訪れている会計検査院を招待すれば大使公邸での晩餐に喜んで参加して来たのである。

ただ私と言えば監査の最中の事でもあり、大使公邸の夕餉と言っても翌日の実地検査の事が気になって、その食材の味覚を楽しむなどと言う余裕は到底無かったのである。

　もっともそれによって、会計検査に手心を加えるかと言うと全くそうではなく、当時来訪してきていたのは総括副長の補佐として会計検査院の外務係で辣腕として名を馳せていたO課長補佐であった。その当時に彼の持論であった「支出負担行為の決定月日」と言うのがあり、私の記憶ではノルウェーから帰国後すぐにも、証拠書貼り付用紙の欄外に支出負担行為の決定月日欄が増設されたのでそれは彼のアイデアであった筈だ。実地検査の期間中相当に厳しく会計帳簿を検査していたO課長補佐ではあったが一度だけ、

「この人は得ですね、会計帳簿を全く読む気になれない」

　と嘆いたことがあった。それは私の記帳している会計年度の前の年度に遡った時で、前任の吉澤書記官得意の楔形象形文字で強烈な筆圧で刻まれていて、しかも残っているのは帳簿の2枚目のグレーのカーボン紙で熟語の判別にも苦労する、ようするに日本語の文字と言うより目がチカチカするようなクサビ型のまるで縄文土器の文字なのであった。

　そうしてようやく最後の検査日を終えたのだが、その日の深夜我が家に電話があった。それはホテルから例のO課長補佐で、

「明朝飛行機の出発時間前の1時間でいいから物品の帳簿をもう一度見たい」

と言う申し出で、正直私はドキリとした。その部分は実は一番の弱点で、過去の記帳ぶりについてまで私が把握していないことが多々あったからである。

後から何となく気が付いたのであるが、会計検査院の方々の勘が鋭いのも確かではあるが、警察官の取り締まりのように、私の反応する態度や表情を実は鋭く観察していて、そこで何かあるということをヤマ勘のようなもので推測しているのではないかと思う。

ともかく、朝9時の開館から10時まで、追加検査にお付合いして課長補佐の言葉にそうか、あれは拙い措置であったということに思い当たっていた。○年○月の証拠書類を見せてくれと言われて、次第に一番危険な年度に近づいていきて思わずこれは拙いなと思った瞬間、中嶋さんが、

「今日は休日なので空港まで時間が掛かるかもしれません、そろそろ出発のご準備を……」

と告げて。総括副長が上機嫌でニコニコしながら階下に降りて来て、

「もう行くよ」

とO課長補佐の肩をポンと叩いて、窮地は救われたのであった。

そして、総括として次席の菊地公使に告げていたのは、浅尾大使と言う方の人格にも触れ大変親切にしていただき感銘を受けた、通常会計業務に関してはちゃんとやっ

ていて当たり前で、褒めることはしないのだが、この公館は間違いなくよくやっている、評価したいと述べたそうな。

※

浅尾大使は外務審議官時代に激務により体調を崩し、脳梗塞で一度倒れたことがあり、そのリハビリも兼ねているのか、健康面には人一倍気を使われていた。外務審議官と言うのは当然激務であり、日本の中枢を担う官僚として政、官、民を問わず毎日の会議と夜は会食の連続であり、健康面の事を振り返る余裕すら無かったのだと言う。

それゆえに夏であればテニスをしていた。冬にはユーソーが公邸の敷地内に500メートルくらいはあったであろうか、庭を巡るノルディックのスキーの轍のコースを作り、大使はそこでノルディック・スキーの練習をされていた。

週末には館員の家族と一緒にテニス・ダブルスのゲームをしたのだが、私が発案してランダムに組み合わせを変えて、その日の成績に加えて、翌週に寸評を加えて発表したのだが（今思えば拙い文章で、失礼なことも多々あったと思うと恥ずかしい限りであるが）、大使がそれを公邸に持ち帰り夫人、瀬戸さんとも楽しみにいるということであった。

また、公邸メイドのヒステンが言ったという。

「ＨＯＴの中嶋とＣＯＯＬの島田がベストの組み合わせで、大使館が上手く動いている理由だ」

というのが最近では見事に的を射ていて評判だというのである。

普通の大使館（日本国の一般的なものという意味である）であれば、公邸のメイドさんがどんなに良いことを発言したとしても、それを大使が取り上げて皆に話すというようなことはあり得ないことで、ここにも浅尾さんの暮らしぶり（確かクリスチャンであったと思う）、すなわち大使公邸が家族の様な絆でしっかりと結ばれているのである。

※

中嶋さんが何かの切っ掛けで英国からノルウェーへたどり着いたという時期から無二の親友たる豊増さんをジェトロ・オスロオフィスから引き抜いたということは以前にも言ったが、当時のジェトロもスウェーデンとノルウェーの両事務所をどちらか一つに統一するという案があり、豊増さん自身その将来を不安視していた矢先の事だった。現地職員の一人増員と言うのも予算上からしてそう簡単なことではなく、外務本省の担当局課と大使館の間で何度も公電、公信をやり取りし都合一年間位かけてやっと決着を見るのであるが、そこはそれ元外務審議官の「浅尾大使」なのである。外務大臣宛て公電の原義は私が起案するのであるが、それを大使自身が若干アレンジして「在ノルウェー浅尾大使発外務大臣宛て」として公電を出すのである。少しアンフェアーだと私も思うが堂々と正論をこの人の名前で出されると他の物とは重みが違ってみえるのである。

かくして数ヶ月後、豊増さんはノルウェー大使館に出勤して来ることになった。

※

浅尾大使時代に、二人の若者がいわゆる新人として大使館の仲間に加わってきた。一人はノルウェー語研修生として「松村一」（まつむらはじめ）研修生が赴任してきた、館員達からは「マッツ」と呼ばれ愉快な人柄であった。

彼が、オスロに初めて着任した時（三十数年以前の事）のことを覚えていて、「着任した日のお昼に島田さんに連れて行ってもらった『上海』レストランのラーメンの味が一生涯忘れられない」

のだそうで、当時有名であった北欧のテニス選手「マッツ・ビランデル」にあやかり、マッツと呼ばれて夏冬のテニスにも参加していた。

もう一人は派遣員の「川田憲司」君で、はきはきとした好青年であった。ただ、中嶋さんと仕事上のことで被ることも多く彼からは「新人類」と呼ばれていた。そんな時はいつも豊増さんが間に割って入り、中嶋さんを諭していた。リレハンメルでの冬季オリンピックのお手伝いをして、その後大使館業務の終了後はルフトハンザ航空のスチュワードをしていた。ドイツ—日本間の国際線勤務だというので、いつか乗り合わせることがあるのではと期待していたが、残念ながらそんな偶然は起こらなかった。ＮＨＫの朝の連続ドラマ「マッサン」の一般投稿でドイツの方と結婚されて仲睦まじい写真をテレビで拝見した、とても元気そうであった。

※

浅尾大使が駐イタリア大使として赴任されたのは１９９０年頃であった、私はその時は本省に戻っていて、真に業務に忙殺されていた。

その後数年かして、当時の館員の人達と一緒に、浅尾大使の田園調布のお宅に一度招待をして頂いたことがある、長嶋茂雄邸のすぐ近くであった。その時はわざわざ瀬戸さんが参加して料理を振舞ってくれた。当時の館員諸氏と楽しく過ごさせていただいた記憶がある。浅尾大使もその時は本当に以前と変わらずにお元気であったのだが。

浅尾大使のご長男は元衆議院議員の「浅尾慶一郎」氏である。時々オスロを来訪されることなどがあり、その当時は銀行員としてお勤めされていると伺った、中嶋さんが同行して地方に一緒にスキーに行くことなどしていた。

その後浅尾大使自身は退職された後のことだと思うが、民主党の浅尾慶一郎議員が国会質問において外務省に対して、かなり厳しい質問を浴びせかけたことがある（私もその際国内に居て国会答弁資料作成の対応に当たった経験がある）。

その質問と言うのもある程度在外公館の事情に詳しい人でなければ気が付かないよ

うなワインの在庫問題や他にも多々あったが、いわば内輪だけが知っているような弱点の部分であり、外務省ＯＢでもあるその父君の立場を考えると、その心中の複雑さを察するに余りあると感じたものだ。私も答弁資料を作成していて胸が痛く、辛くなった。

※

その後、長らくご無沙汰をしてしまっていたのだが、丁度私がスリランカに在勤していた時に訃報、２０１０年に82歳でお亡くなりになられたことを聞いた。喪主は道子夫人が為さったということであった。

駐イタリア大使となられてからは、本省勤務の係長の私とではあまりにも身分の差がありつついつつい遠慮がちになってしまっていたが、もとよりそのようなことを気にされる方ではないので、失礼を承知でもっと頻繁に連絡をするべきであったと今更ながら悔いが残っている。

(27) スバルバール

「高度1万3千フィートを時速400ノットで北北西に進んでいる」

という機長のアナウンスで、ハッと我に返った。

北緯78度まで、北極圏に向かっているという意識がそうさせるのであろうか、頭が朦朧とし酷く眠いが、目的地を目指して確実に進んでいるという安心感はあり、白昼に何か夢を見ているような不思議な感覚なのである。

飛行機に乗り込む時には、パン屋さんの恰好をしたスチュワードが陽気にアコーディオンを引きながら、パンと食事を配り乗客全員で盛り上がって陽気に騒いでいたのだが、今は周りの乗客の多くが眠るようにして夢の中を漂っている。

※

年に一度ノルウェーのオスロからスバルバール諸島のスピツベルゲン島まで観光フライトが出ており、ノルウェー国内においても人気がものすごく高いので中嶋さんに言われ、一年以上前から予約を入れておき、家族共々観光に出かけたのである。真夏の6月、夕刻の7時半にオスロを出発し、白夜の中、飛行機でスピツベルゲン島を往復し明朝の7時半にはオスロに戻るという風変わりな観光ツアーが毎年一度企画されている。

北緯78度と言ってもあまりピンと来ないかもしれないが、夏の一時期全く太陽が沈まない「白夜」になるのが北緯66度以上で、それより更に北に900キロほど北上するのである。船などで日にちをかけて北上するのと違って、何時までも暗くならない白昼の中の出来事であり、過去には経験したことがない不思議な感覚なのである。

※

また機長からのアナウンスが告げられて、延々と果てしなく続く流氷の上を飛ぶ、広大な白い大地のようでもあるが海を埋めつくしている夥しい量の氷の塊なのである。何処か大きな氷の上に白熊が乗ってはいないか探してはみるが、無駄な詮索のようであった。

もうしばらくで「ロンガーバイエン」（正しくはロンヴィェルビーンと言うのらしいが私にはそう聞こえる）に到着すると告げられていやがうえにも気分は高まる。しかし飛行機が飛んでいるのはヒマヤラの高山の合間を行くようで、白い頂きの上には雲がたなびき、その谷間を雪の斜面が埋め尽くしている、その合間を見つけ唯一黒い地面が顔を出している湾に向かって飛行機は高度を下げて行く。そのロンヴィェルビーンは地球上で一般人が暮らす最北の町なのである。人口約2000人、ただ、資源開発の社員、研究者、それにロシアの人々などで構成されている。機長のサービスか島々の上を幾度も旋回し中々着陸はせずに島の全貌を見せてくれる。色とりどりの連なった頑丈そうな家屋が見え、むしろそれは意外な感じもする。

飛行機は悠々と余裕のランディングで滑走路の端まで行って折り返し、駐機場に着くと、さして広くもない飛行場であるが、留まっているのは我々が乗ってきた中型のボンバルディア機だけで、白昼にポツンと一機、影が長く地上に引いている。湾から見た海の向こうには砂糖菓子のような真っ白な山々が連なっている、過去にもまったく見たこともない景色だ。

そこからは乗客は3班に分かれ「教会のミサ」「湾に面した市内観光」「博物館に隣接した唯一の商店での買い物」をそれぞれのバスに分乗して、交代しつつ順番に巡る。我々はまず市内観光し、湾に面した舗装されていない道路を走り、ロシア人居住区などを巡った。その日は風もなく、気温は8度くらいであったろうか、オスロで使っていた冬物の上着を持ってきているのでさほど寒さは感じない。

ここ、スバルバール諸島はノルウェー領ではあるが、その開発に当たり、世界各国に希望があれば開発する権利を与えるという条約で募集したことがありロシアは既にその権利を所有している。西欧やアメリカのものとは比べ物に成らないような不格好でカーキ色のスノーモービルも如何にもロシア製と言う感じがする。残念ながら日本はそれらの資源開発に参加していない。諸事情もあるのだろうが、毎年ここを訪れる日本人研究者によれば、それは大変もったいないことなのだという。

冬になるとこの湾そのものが完全に凍結するため、海沿いを走る必要がなくなり、何処へ行くにもダイレクトに行け、至極交通事情は良くなるということであった。ただその際には一つ注意しなければならないものがあり、三角形の「白くま注意」の道路標識が建てられていた。

次に行ったのが教会のミサであり、島民の数に比べれば随分と立派な教会であり、深夜零時に荘厳たるミサが粛々と行われるのである。こんな深夜に牧師さんも大変であろうが、ここに暮らす人々の苦労を思えば、クリストの教えこそが拠り所であり、その朗々と響く声といい、信仰というものが人々に与える力というものは大きい。

最後に行ったのがスーパーマーケットで、食料品から雑貨、電化製品まで意外に品ぞろえは豊富であった。深夜零時をとうに過ぎているが特別に開店してくれているという。そこで私は水色でスバルバール諸島の絵と、ノルウェー国旗の描かれたコーヒー・カップを買った。生活必需品ならともかく、この土地の土産物として目ぼしいものが他に無かったからである。白いコーヒー・カップは英国製の陶器ではあるが、形自体お世辞にも洒落気がなく、正直日本のどこにでもある観光地、その土地土地の絵柄がプリントされた気の利かない安手の土産物と瓜二つで、「SVALBARD」と書いてあることに気が付かなければ、日本の役所などで朝当番の給茶係の女性が見ても明らかな安物で、ぞんざいに扱われているうちに端から欠けてしまい、早々に捨てられてしまうのが落ちではないかと思ったりした。

表で河原の石ならぬ、氷河に削られた石というものを露店の毛布の上に広げ、寒さに震えながら売っていた。一体何人であろうか、ノルウェーの人でも無く、東洋人でもなさそうだった。値段も幾らでもなく、私はその氷河に削られたのだという波型模様に抉られ歪な大理石を買って持ち帰った。それが一体価値のあるものなのかすらわからないまま、新聞紙に包んでもらい大事に持ち帰った。それは何年か後にまた日本に持ち帰り、重く場所も取り如何にも邪魔物になってしまった。その何だか妙な恰好をした石は、今まだ私の姉の嫁いだ家の玄関先に飾られている。

白夜の中での夜行観光をして、帰りの飛行機の座席に着いた途端に深い眠りについた。普段なら熟睡している筈の時間、午前3時頃まで起きて観光をしていたのだから疲れもあり当然なのであるが、気が付いた時は緑の中にオスロの朱色のレンガ造りの時計台が窓から眼下に見えていた。なぜか故郷に戻ったようなほっとした気分であった。

写真もあまりとらず、何だか夢の中で彷徨っていただけの様な旅であったが、北緯78度の地点まで行ったということは、自分自身の記憶の中と、買ってきた安物のコーヒー・カップだけが証拠として残っている。

(28) ラスト・ワルツ

恐らくは浅尾大使のノルウェーでの在勤最後となる「天皇誕生日レセプション」は1989年の4月29日に執り行われた。

今回の行事は恐らくは大使の在勤中の最後の大きな催し物になることが判っていたから、その下準備はかなり入念に行われた。浅尾大使がそのことに対してあれこれ自分の希望や細かい指示を出すということではなく、しかも非常に合理的な考えをされる人なので離任レセプションと天皇誕生日レセプションを兼ねて一度きりの催し物として計画された。

だから、公邸料理人の瀬戸さんも、中嶋さんも、私も、秘書のヒルデも、公邸メイドのヒステンもフェアリータも気持ちだけは、そのことに関してだけは片手間にならないようにと、より盛大にものにしようと皆の思いは共通していた。

例えば私であれば公邸のワインの残りリストを調べ、使えそうな良いワインの在庫に加え気持ちワンランク上のワインを手配した(これはまさに会計担当官の一存であり、お手盛りではあるが、仕事の上では許されることだと思う)。さらに特別に翻訳官のピーターの伝手で、5、6人規模の小さなバンドを会場の隅に用意するなど準備を怠りなくしていた（このギャラは金銭ではなく、大使館から1ダースウイスキーを差し入れることと、演奏の後に賄いご飯を提供することで決着した）。

この大使ご夫妻の最後の晴れ舞台を皆で良い演出にしようとして、館員、現地職員の意志は統一されていた。

私個人としての感想であるが、この時の在ノルウェー日本国大使館の一体感というものは特別であったし、素晴らしかった。誰もが4月29日の天皇誕生日をよい一日にしようと気持ちを一つにしていたし、楽しみにもしていた。

ただ、私自身は天皇誕生日レセプション当日の印象そのものは実はあまり記憶にない、どのような重要な来客があったなどと言うことも殆ど記憶していない。会場の隅に居て諸事に気を配り忠実に勤務をしていただけなのである。私の職務分担と言うのは酒や飲み物類の会場での手配や指示をすることだ。大使のスピーチの後、間髪を入れずにシャンパンの栓を抜き（音だけ数本を会場の近くで「ポン、ポン」と威勢よく音を立てて抜き、それと同時に既に注いでいたシャンパングラスを盆に持ったメイドたちが会場に一気に繰り出すのである）。まあ、場慣れした来客には酷く不自然な事なので、「あり得ないだろう」と思わず失笑する客人もいるのだが。それで、会場の寿司が少なくなったらメイドに指示しお代わりを持ってこさせる。これも微妙なタイミングが肝で、どんどん気前よく出したら日本の寿司は人気の食物なので瞬く間に売り切れてしまうのである。

宴は常に盛況で続きずっと盛り上がりを見せていたのだが、困ったことに終焉時間の午後3時になっても一向に客の数が減らない、帰ろうとしないのである。パーティそのものとして、それは大成功に違いないのであるが、終焉時間の午後3時が過ぎても、多くの人たちが皆興に乗って、会場のあちこちで楽し気に会話に打ち解けているのだ。

食べ物などは既に何もなくなっている、大皿などは皆メイドさんが回収してきてしまった。このままではバンドの人達に提供する賄いご飯すら怪しくなってきた。

そこで第一弾として公邸のホールの電気を落とすことにした。北欧の午後なので真っ暗にはならないが、そこで気付いて帰る人は少しだけいた。でもまだ大勢の来客がホールには残っていた。

仕方が無いので、第二弾としてバンドのリーダーに「蛍の光」、曲の英語名は分からなかったので「♪〜♪」とメロディを口ずさんでみて、演奏ができるのかと聞いた。「ホタルノヒカリ」はパチンコ店やスーパーマーケット商店の閉店の間際に必ず掛かる曲だからである。

バンドのリーダーは「英国の曲？　ああ、これだろう」といって見事なワルツの演奏を始めてくれた。

　しかし、それは実は大失敗だったのである。会場に残っていた来客たちの多くがペアになって、その曲ワルツに乗って踊りだしてしまったのだ。大使館のスタッフは皆あっけに取られた。しかし、何故か皆も「ヤククソ」になったというか、浅尾大使夫妻も一緒に曲に乗って踊りだしてしまった。他の館員夫妻もそれに続いた、私もステップなどは出来ないのだが、只形だけ妻と組んで適当に踊った。最後は今日の日のために会場に手伝いに来ていた掃除婦のマリエさんとも組んで踊った。

　それは何かとても良い気持ちであった、北欧の透き通ったような淡い暮色の中で、今では無くなってしまった木造二階建ての旧公邸の建物、ホールの北西側は全面がガラス窓で雪の残った芝生越しに沈んで行く夕日が見える。

　あの、ぎしぎしという音のする木製の床のホールで皆がワルツを踊っている。

　こんな楽しいパーティなら、時間の事などとやかく言わず、いつまでも、いつまでもこんな時間が続けば良いなとすら思ったりした。

　大使夫妻の人柄もあるだろう、そして招かれたノルウェーの人たちの持っているホスピタルティも、忘れることの出来ない送別の宴であった。

(29) 野焼き

1989年の年が明けて、新しい年号は「平成」となった。国内に居ればテレビや新聞その他で年号についても色々な情報が入ってくるものであるが、ノルウェーのオスロに居て年号が改まったよと人伝手に聞くのは何か不思議な気持ちであった。日本史の教科書の「章」が変わった次の頁を開くような、自分のものという実感が湧かないのである。

当時のその頃に、私のノルウェーでの任期は今年の秋までであると言う旨の内示の通知を受け取った。当時の外務省では外国勤務が3ケ所目というのは一種の例外であり、どんなに長くとも在外勤務は10年までと言うような決まりがあったのだ。

その年の夏休みに我々一家は思い切ってフランスを旅行した。夏休みの後にはもう帰国ということが決まっていたので、ウイーンを経由して南方に向かい、念願でもあった南仏のアルル、生涯に一度は行ってみたかった場所へと足を延ばしたのだ。アルルはゴッホが自らの短い生涯の中で唯一のユートピアを求めてポール・ゴーギャンを呼びよせ、理想郷として暮らした唯一の町であり、両巨頭が数々の名画を残した場所でもある。

これは私にとっては二度目のフランス旅行である、興味がある割には相変わらずフランス語の会話などは殆ど出来ず、怪しげな英語と身振り手振りでの冒険旅行である。まず、オーストリアのウイーンに行った。ご存知の方もいると思うがヨーロッパの空港のカウンターで行く先をオーストリアの首都「ウイーン」と言っても大抵の場合は先方に通じないのである。カウンターの空港係員はかなり思案してから大袈裟な手ぶりで、

「OH・ビィエンナ！」

のことかと叫んで頷くのである。

それでともかくアルルの空港に到着してレンタカーを借りた。

レンタカーはベーシックなマニュアルシフトの赤色の一番小さなプジョーで、見た目はお洒落なフランス車という感じがする。当時ヨーロッパで小型車のオートマチック車というものは皆無なのであった。また、ハーツレンタカーのCM宣伝文句で出発前に事前予約手続を済ませておけば、空港に着いた途端に5分でレンタカーの鍵を渡してくれるというキャンペーンがあって、それを利用し私は勇躍空港のハーツの窓口に立ったのであるが、チャーミングな二人の若いフランス人女性は大きな青い瞳をくりくりさせて思案しつつも、全く英語をしゃべらないのであった。こちらがたどたど

しい英語で話すことは理解するらしいのであるが、帰って来るのは全て早口で流暢なフランス語である。ただ、妙な事にこちらが言ったことは全て理解してくれているので、結局一から書類を作成して、手続が全て済んだのは既に30分以上が経過していた。

まあ、それでも我々は、フランス国内の白く塗られた並木の道を気持ちよく抜け、赤いプジョーで勇躍走り出すことが出来たのである。

総じて南仏の人達は親切であると聞いていたのだが、私が思っていたのと随分と違っていた、英語は話してくれないが、とても親切であることには間違いが無いけれど。

例えば、日本のＪＲの自販機の前で困っている外国人がいたとしたら、英語の応対は出来ないけれど親切な人ならわかる範囲で何とかそれを手伝ってあげたいと思うであろう。親切心は一緒である、ただ日本の人は相手の言葉が分からなくても親切にしてあげようとする、フランスの人は相手の言葉が分かっていて親切だが、あくまで英語は話さないと言うだけの違いなのだろう。

南フランスの田舎町を旅行するのに公共交通機関というものは外国人旅行者にとって利用が難しく、フランス語が達者であれば話は別であるが、名所旧跡を巡るのに車は不可欠なのであった。ゴッホの絵で有名なアルルの跳ね橋。糸杉のある風景、そこでは驚いたことにゴッホが描いたのと同じ糸杉をキャンバスに描くツアーを行っていた。欧米人の先生に従って椅子に座って写生しているのは何と日本人観光客の一行であった。それからゴッホの住んでいたアパート、ゴッホの描いた著名な「跳ね橋」などを巡った。

ゴッホは自らの芸術の行き着く先のユートピアとしてこの地を選び、そこへゴーギャンを招いた。アルルの人々は温かく彼らを迎えたであろう。ゴッホの目的の一つそれは日本文化ジャポニズムへのあこがれもあった、そう南仏アルルは日本と同じ風土、モンスーン気候の土地なのである。日本に似ている何かがこの土地にはある、時折吹く湿気を含んだような生温かい風、私もいつかここに住んで暮らしてみたいと思う土地の一つなのである。

だが現実は少し違い、途中、高速道路では緊張の連続であった、何しろフランスの高速道路というものの仕組みが各所で統一されていないのでさっぱり分からない。途中の遮断機のあるゲートで係員が居るゲートであれば、言葉が通じなくともお金さえ持っていれば通過できる、ところがカードの差込み口と、現金の小銭を投げ入れる受け皿しかない、無人のゲートというのが存在するのである。高速道路専属のカードが必要なのであろうか？　まさか虎の子のキャッシュカードを入れて戻らなくなったらこれから先の旅行が続けられなくなってしまう。全て小さな文字のフランス語でしか説明が為されていないのである。

しかもゲートを幾つか通過し、生憎コインの小銭が底をついてしまった。ついにゲートの前で立ち往生してしまい、偶々後ろに停車した「シトロエン2CV」というごく一般的な大衆車に乗る青年に紙幣を見せ換金してもらおうとした、彼も困ったような顔をして車内から小銭をかき集めて渡してくれた。それでようやく我々はコインを投げ入れゲートは上がり出発したのだが、その直後何が起こったのか！　驚いたことに小銭を我々に渡してくれた青年はゲートを押し上げ何と車ごと強行突破をしてしまったのである。係員が笛を吹き何か叫んでいるのがバックミラー越しに見えた。シトロエンは黒煙を上げ猛スピードで我々の車を追い越して行った。まさか！　我々が犯人になったような気分であった。

ゴッホの絵でも有名な「黄色のレストラン」その当時は現存していて2階がレストランとして営業していた。我々の訪れたその晩は「プロバンス8人衆」と言われる有名シェフのキャンペーンをやっており、その晩のお勧め料理メイン6品デザート6品と言うコースを迷わず選んだのだが、恐らく私が生涯で食べた一番おいしい夕ご飯として記憶に残っている、メインは「鶉」であったか、食べる所はあまりなく、しかし何とも言えぬ絶妙の味付けで、あまりの美味しさに骨までしゃぶってしまった。デザートの一つは今で言う「クリーム・ブリュレ」で、灰皿みたいなガラスの皿に焼いたカスタードがほんの薄く張り付いているだけなのであるが、生まれて初めて食べた忘れられない味であった。デザートは娘の分を追加してお代わりした。

最終日に少し足を延ばして南の海岸にあるセント・マリー・ド・ラ・メールを目指した。その当時1989年は他の観光客などもおらず閑散としたものであった。ナザレのイエスが処刑された直後、エルサレムから小舟でこの地へマリア様が逃れていたというのがこの地の名前の由来でもあり、静かでエキゾチックな小港であった。誰もいない教会で黒いマリア様の像を静寂の中で拝んだ。実はその後、20年位経ってからその地を再訪したことがあるのだが、地元のジプシーの土産売りが纏わりつく、まったくただの観光地に様相を変えていた。

その旅もまさに最後、セント・マリー・ド・ラ・メールからアルルの空港に戻る道を急いでいた時に、黄色い畑が延々と続き、その遥か向こうに炎が上がっているのが見えた。一瞬火事ではないかとも思ったが人もおらず周りは静寂な風の音のみである。更に進み、一面炎の上がっている畑の横へ出た、思わず車を止めて側によってみた。燃え盛る炎とは裏腹に吹く風は柔らかく、めらめらと炎の音のみの無音の世界である。そこに立っているだけで何か特別な不思議な空間の中に居るような心地だった。それは南仏の農作業の一つ「野焼き」なのであった。

なぜか、これから一旦オスロに帰って、いよいよ日本に帰るのだなと言う実感が湧いてきた。思えば海外生活3ヶ国を渡り歩き、都合7年8ヶ月。長かったような、或いは一瞬の事ですらあったような気がする、無事業務を全うした、もうこれから時間外になってからあの大きなカーボン紙の会計帳簿を記入することもないのであろう。銀行からのステートメントに赤鉛筆でチェックの印を付ける必要ももうないのだ。

さて、これから私を待っている業務と言うのはどんなものなのだろうかと、不安なども無縁で、気楽に考えていた私はまだ若く、その時まだ36歳であった。

(30) 店仕舞い

そうして、浅尾大使ご夫妻と瀬戸さんは帰国してしまったが、彼らが行ってしまったという寂しさというものすら感じる間もなく、直ぐにもW大使ご夫妻が着任された。その直後には秋篠宮殿下の来訪などもあり、何か慌ただしいままに予告を受けていた私の帰国（任期満了）も近づいて来ていた。それはむしろ私の都合と言うより、あくまで外務省人事の都合であったらしく、堀沢書記官が最後の赴任先として当国を強く希望していたからなのだということは後から聞いた。

※

南仏、アルルの旅行からオスロへの帰国後は割と忙しく、W大使のご着任、直ぐにも秋篠宮殿下ご来訪と言う大きな行事があった。

W大使は痩身の、一見厳しそうな印象を受けるが、お話をされているのを聞くと、話の終わりには必ず落ちのようなものをつけて自虐的なフォローをするので、ああこの方は落語が好きなのだなということ、よく気配りをされる方だということが直ぐにも判った。全く短期間のお付き合いでしかなかったのだが、誠実で思いやりのある方であった。

さて、秋篠宮殿下はテニスが特にお好きと言うので、W大使自身はテニスはされなかったが、その時の大使館テニスの有志、即ち川田派遣員、松村研修生、中嶋さん、運転手のエスコと私などで模擬練習をした。果たして秋篠宮殿下と試合とまで行かずとも練習のお相手なんぞが出来るものかの予行演習である、やってはみたが皆が勝手に強打し、相手が打ち易い球を返そうとすると余計にミスするのでろくにラリーも続かずに結果は散々、こんな調子ではお相手が出来るものかとかえって不安が増すだけであった。W大使は何か経験があるらしくジャッジ台の上からおそらくは正しい英語でのジャッジやサーブの順番スコアなどを流暢に進行されるので、その事にはむしろ驚かされた。

しかしながら幸運と言うべきか宮内庁の意向もあり、

「殿下は大使公邸に於いてテニスは為されない」

との公式な連絡が入り、むしろ我々は安堵したのだった。

※

秋篠宮殿下滞在中の行事で、その日は大使館員夫妻が全員揃い、ご引見が行われることになっていた。

秋篠宮殿下は公邸の玄関にご到着され、やはり皇族の威光と言うか、たったお一方がサロンに入って来ただけで、何時もの公邸サロンその場所の雰囲気までがピーンと張りつめたものに変わった。ただ、秋篠宮殿下は悠々とむしろリラックスされた様子で、指定されていたソファーに座り、足を組むとおもむろに煙草を取り出され、

「灰皿を」

と小首を曲げて、一番側に立っていた若い理事官夫人にささやかれた。突然声をかけられたその夫人は膠着して強張り、まるで右手と右足が一緒に前に出るようなぎこちない歩き方でようやく別のテーブルの所まで進み恐々とクリスタルの灰皿を取り上げ、震えながら殿下の前まで何とか辿り着きテーブルに置くことが出来た。見ている我々こそが灰皿を取り落としたりしないかと緊張し続けたまま、一歩も動けずに見ていただけだった。

暫くして殿下も打ちとけられた様子で皇居での日々の暮らしでの珍妙な体験などを話され、和やかな雰囲気でご引見は無事終了したが、その帰り際に窓から公邸の庭を見て、

「なんだ、立派なテニスコートがあるじゃないか、しかもアンツーカーの、ラケットを持ってくるんだったな山下、残念だな」

と警護官に向かって何度も話された。二人は皇居でも一緒にプレーをしているらしく、それは如何にも残念そうな様子で何度も話されるのが妙に可笑しかった。

※

そんな最中に帰国命令を出す旨の内示があった。過去のポートランドは2年3ヶ月、オマーンは2年8ヶ月、いずれも官房担当館員としては異例に短い在勤であったので、今回はある程度の情状酌量的措置が為され、3年間位の勤務が叶うのかとも期待をしていたのだが、残念ながらそれは無かった。

即ち私は3ヶ国の勤務を終えたので、日本に帰って来いという公式の通知が出たのである。都合7年8ヶ月の在外勤務であった。

本省からの辞令も感じようによっては非常にドライなものであり、こちらもそれならばと早々に退散する準備を始めた。仕事上での業務の遅れも無く、その他に何の懸案も存在せず、借りている家の解約も済み、あっけないほど今回の業務の総仕上げも完了、いわば、

「店仕舞い」

は拍子抜けするほどにあっさりと済んでしまった。私は将棋に例えれば駒台に乗った「歩」の持ち駒の様なもので、何時でも外務本省の手駒として命ぜられる場所へと打ち込まれる為に居るのである。

暫くして後任の堀沢書記官が着任されて、もう60歳を超える年齢であったが、何より曲がったことが大嫌いと言う硬骨漢で、いきなり会ったばかりの中嶋さん、豊増さ

んとも大いに意気投合し、この二人と上手くやって行けるようなので、その点はむしろ安心したものだった。

(31) 帰朝

8月の末、

「島田理事官に◯月◯日付帰朝を命ず」

と言う外務大臣発の辞令を貰った。

実は「帰朝せよ」と言う辞令を貰うのは初めての事である。

「帰朝」などいう言葉を聞くと、

「天の原ふりさけみれば春日なる三笠の山にいでし月かも」

という安倍仲麿の名歌がまず浮かぶ。彼は遣唐使として中国に赴き望郷の念を持ちながらも度重なる苦難に遭い「帰朝」を果たせずに、異郷中国の地に於いて没した。これは幼い頃に見ていた三笠の山を思い浮かべて詠んだ歌だという。

それはさておき、在外公館(大使館)というのはある意味他国に在っても治外法権で、そこは日本国の一部という解釈なのであるから、国から国へ「帰国」というのは少し変なので「帰朝」すなわち国の中枢部に帰っておいでと言う意味なのかもしれない。

※

オスロを出発の日の見送りは平日の勤務日と言うこともあり、大使館からは川田派遣員と運転手のペールだけであった。中嶋さんと豊増さんはセンチな別れが嫌だったのだろう、当日には姿を現さなかった。

出国ゲートの入口の側まで来た時に、ペールが彼らしくテレながら小さなリボンのついた小箱を私にくれた。

「今そこの売店で買った物なので申し訳ない」

とひどく照れながら彼は言った。でもその気持ちだけでも嬉しかった。

私は別段の感慨も無く家族と共にオスロ発パリ行きのＳＡＳスカンジナビア航空機に乗り込んだ。何時も戸惑うパリでの乗り換えも拍子抜けするくらい簡単に出来て、パリ発東京行きのＪＡＬ便に乗り込むとそこはもう既に日本なのであった。

搭乗手続のカウンターでチェックインの順番を待っていた時に隣の窓口から我々の前に割り込んでくる二人の男性がいた。スーツケースを足で蹴りながら強引に割り込んできたのだ。最初ファーストクラスの窓口に並びそれが間違っていると指摘され、我々と目を合わさないように横から当然のように入ってきた。実はその男性の一人には見覚えがあった。それは著名なＮＨＫの解説員で庶民派を謳い東京都知事選挙に立候補したこともある人物だったから。彼らは機内でも直ぐ我々の近くの席に陣取り、その横柄で尊大な態度でスチュワーデスに飲み物や食事などのサービスを当然のように要求していた。なるほど、ここはもう日本なのだ、どんなに偉ぶって振舞っても良く、お客様は神様なのだと妙な事で祖国の習慣を思い出すことになった。

けれどそんなことはどうでもよく、機内で私は至る所まで気遣いの行き届いた日本人スチュワーデスさんのサービスを受け、離陸前の一杯のシャンパンで充分に満たされていた。

今の私というのは日本に帰る一邦人旅行者であり、それは勝利の凱旋でもなく、華々しい成果を背負っての帰国でもなかった。ただ唯一言えること、私は私の部署を守り、持ち場を最後まで守り切ったということだ。一兵士としての任務は全て果たし終えたのだ。

実に満ち足りた気持ちの良いフライトであった。さっき貰ったペールからの小箱の中から出てきたのは、ちょっと重い金属製のバイキング（海賊）の文鎮で、相当に慌てて買ったのであろうか、よく見るとそれは「ノルウェーの海賊」でなく「デンマークの海賊」なのであった。裏に小さく「ＤＡＮＭＡＲＫ」の文字が刻まれていた。ただ、彼の気持ちはありがたく頂戴した。そのデンマークの海賊、それは何故かまた私が北欧の国に何時か戻ってくることを暗示しているのではないかと感じるものがあったから（事実、それから８年後に私はデンマークでＥＥＶ（天皇皇后両陛下ご来訪）

の業務の一端を担うことになる)。

そうして離陸して暫くして眠りについた。死んだように気持ちよく眠りについた。そして長い夢を見た、それは過去7年分の長い長い夢だったのかもしれない。

過去三ヶ所の任地、輝けるアメリカから灼熱のオマーンへ、そして極寒の地オスロへと、ソフトランディング、或いは難着陸を繰り返し、色々な想いはあったにせよ無事こうして旅を続けられていること自体に感謝をした。そして次の任地、まだ見えぬ日本という国に思いを馳せていた。

※

実は帰朝の直前に本省の浅尾大使から直々に、

「君の帰国後の配属先は領事移住部に決まったよ」

と連絡をもらっていた。これも実は異例中の異例で、外務大臣発の辞令が事前に外部に漏れることはあり得ず、浅尾大使が過去人事課長を務めていたが故に為せる業でもあるのだが、実はその時に大使の言を覆すほどの裏取引が行われていたのであった。

私はトランプの1枚のカードとして、配属される直前シャッフルされ恐らくは切り札の一つとして別の部署に抜き去られていたのだった。けれどそんなことは知る由もなく私は深い眠りについていたのだ。

※

そして幸か不幸か私は当時外務本省が総力を挙げ、省内のベスト・メンバーをもって臨もうとしていた「ガット・ウルグアイラウンド」=多角的貿易交渉の嵐の様な渦に巻き込まれてゆくことになる。すなわち「経済局国際機関第一課」への配属となっていたのだ。

P．S．令和になってからの追伸

ここまでの文章は私が28歳から36歳までの間、最初に海外に赴任した時のお話です。今これを書いている私は既に68歳になりました、だからほぼ40年以前のお話です。古い話にお付き合い頂きましたが、故にこの話に出て来る多くの方々が既に亡くなられている筈です。私がこのような文章を残して果たして、読まれる方々が面白いと思われるのかどうか、外国での暮らしでどこにでもある話じゃないかと感じる方もいると思います。ただ私としてはどんなに凡庸な事柄でも、実際に私が見、聞き、そして体験したことを記憶の糸が手繰れる限りは残しておきたい、私が忘れ去ってしまえば、過去の在外公館で働いていた多くの人たちの軌跡も歴史も思い出も、塵のように霧散してしまうということが残念でならないと思ったからなのです。

中嶋さんは２００７年、後を追うように斎賀大使は２００９年

浅尾大使は２０１０年に

何時も電話連絡をくれていた千嶋さんは２０１２年

豊増さんは２０１９年８月

菊地公使は２０２０年

古川東宮大夫は２０２１年、この時は日本にいて弔問に訪れたい旨を申し出たのですがご家族の意思として丁寧なお断りの連絡がありました。

その他このお話に出て来る多くの方々が既に亡くなっていると思われます。時の経過と言うものは全てに対して優先します、今生きている者だけが哀愁を感じ、人の繋がりや愛情を常に感じていることが出来るのです。人と人との間に交流した愛憎というものには形がなく、それはいずれ時の流れによって葬り去られるものであります。けれども、唯一今生きている者だけしか語れない、だからこの文章を残しました、それだけなのです。

ユーソーのこと

ユーソーはエスコの父親が館長車の運転手をしていた頃にその縁故者と言うことで、そもそも当時のノルウェー大使公邸の庭師として雇われていたのであった。広大な敷地を持っていた大使公邸の冬には道路から構内まで雪掻きをして、春から芝刈り、リンゴの木に肥料をやって世話をし赤土のテニスコートを均す、一年中屋外の仕事に汗を流している。旧ユーゴスラヴィア出身の大柄で屈強な男性で、ピンと八の字に張った立派な口ひげをたくわえていた。

公邸にはヒステンと、もう一人のメイドさんは度々交替があったので、誰か名前は忘れてしまったが二名のメイドさんが働いていたので大使公邸での会食の際には他に雇上の執事達を調達することは特に必要としていなかったのである。

そもそも、日本大使公邸の夕食会というとかなり特殊な部類で、皆正装で着席、座る席次もプロトコール・オーダーというのがあって大使館の儀典職員が数日掛かりで出席者の地位、履歴や年齢を綿密に調べてその序列の原案を作成し大使に上稿し決裁・了承を得る。その人となりを地位、経歴など勘案して序列を決めるのであるが、これはある意味であまり上品な所作ではないと私自身は感じているのだが。そして、会食の一時間前に儀典職員は公邸に先行して席札をダイニング・テーブルに並べ、公邸料理人さんと打ち合わせてメニュー・カードの作成、宗教上やアレルギーの理由などで別メニューの人がいればそれらの確認をする。これに急な招待客の欠席通知などがあると、そこを空席のままにすることはないので、至急大使に連絡しトランプの如くまたシャッフルし直す、会食直前の時間のない時にまたひと騒動が起こるのである。それでまだ儀典職員がその会食に参加するならまだしも、そうでない場合には夕食抜きで会食の終了まで付き合うということも間々ある。大抵の場合は公邸料理人が賄い食を何か作ってくれたりするものだが。

まあ、それが本来の仕事と言えばそうなのかもしれないが、大変な労力と時間を費やして日本大使公邸の夕食会は開催されるのである。さらに加えると当時の大使館では花当番というものがあり、公邸玄関とサロン、ダイニング・テーブルの生け花は大使館員夫人の手による作品が飾られている。

このような下準備を経て開催されるものであるからして、総じてあまりフランクな雰囲気というのは感じられない。出席する他の国のベテラン外交官などは努めて陽気かつ愉快に振舞っているが、心の底ではこうしたアジアの数か国の国の堅苦しい夕食会のやり方を実はあざ笑っているのかもしれない。

私が勤務した時のノルウェー大使館は、Y大使、浅尾大使、W大使と実に「良い大使」が続けて勤務し、そういった日本国大使館の伝統が必ずしも守られなかったきらいがある。「良い大使」という言い方は非常に失礼であるが、先ほどのプロトコールに特に厳格で、館員に対しては非常に厳しい要求をする、総じて人使いが荒い、いわば外面は物凄くよく、内面の悪い大使というのは結構いるものであるが、我々平の館員はそれを「悪い大使」という風に分類せざるを得ない。

公館によってはそういう大使が館長として立て続けに勤務することが多く、そういう公館は不思議に中規模のある公館に片よる傾向があるので、常に館員達は緊張を強いられつつ勤務していることになる。

さてそれは別にして、ノルウェーの大使館に於いては北欧の国柄に合った非常にフランクで常識的な大使が数代続いたのである。

そこでようやくユーソー氏の登場であるが、昼間は表で汗にまみれて働いていても、シャワーを浴びて身ぎれいにして、白い上着を着て大柄で立派な男性が玄関口で案内をすると、朴訥な口調でもそれが如何にも様になるのであった。私自身はそんな改まった大使公邸での会食に同席して彼の所作を目の当たりにすることはあまり無いのであるが、恐らくはワインの注ぎ方の席次順など器用に暗記する筈もないであろうから、きっと時々とっ散らかって目を白黒させながらバトラーとしてサーブをしていたのだと思う。そして浅尾大使などは楽し気にそれを笑って見ていたのだと思う。浅尾大使が着任の際に帯同してきたのはホテル・オークラの料理人さんの中でも既に著名であった瀬戸料理長なのだが、彼は堅苦しい会食よりも人を持て成すという意味での食事を楽しみ、それをよく心得ていたのだと思う。良い意味で欧州風に洗練された感覚を持っていたのだろう。

浅尾大使が、

「昨晩は韓国大使館に招待されてブラックタイ（注）でキムチをご馳走になったよ」

と笑いながら話していたことがあった。

東欧出身の男性が皆そうだとは言わないが、内輪だけで会話する厨房の控室などでは結構能弁で、男気のある男性だった。それでもデンマーク出身で小柄ですばしこいメイドのヒステンなどからは「ＯＨ！　ユーソー！」としょっちゅう詰じられていたことを思い出す。皆が「ユーソー」と呼びかけるとき、それは何ともいえぬ親しみに似た愛情が込められていたと思う。

思えば北欧の国ノルウェーにおいて、ある一時期の日本大使館は本当に輝いて活動していたことを思い出す。

２０１９年の正月明けに、

「元ノルウェー大使館現地職員、元公邸バトラーのユーソー氏の逝去」

というメールをエストニア日本国大使館の松村参事官（元研修生のマッツ）から受け取った。彼が代表して葬儀の花を贈ってくれたのだ。故人を知る館員達でその花代を割り勘にした。今となってはもうそれくらいの事しかできないのだが、こうして彼のことを思い出すことが、何より一番の供養になるのではないかと思う。

（注）男子の正装の事で黒の蝶ネクタイを結び、タキシードを着る。

豊増家の一年

「豊増家の一年」それは私がオスロを離任し暫くして、本省勤務に戻った頃から毎年我が家宛てに送られてくるクリスマス・カードに必ず付されている書簡の題名であった。

都合、30年近くになるであろうか彼、豊増孝志さんは毎年末、年賀状が到着する以前に、その年一年に「豊増家に起こった出来事」を必ず知らせて来るのであった。

大抵の場合は、彼が大使館の現地職員としての勤務を一日たりとも疎かにしなかったこと、即ち常に無遅刻無欠勤であったこと。そして奥様のメッテさんが相変わらず美しいということを、いの一番に報告してくるのであった。

そしてそれは、彼の生涯を通じて貫き通された習慣でもあった。

※

ある年の「豊増家の一年」では息子さん三人が皆結婚されたこと、そのうちのご次男はインド人の女性シンガーと結婚したというので、そのお嫁さんの発売されているCDを同封してきてくれた。それはなんとも不可思議で過去に全く聞いたこともないような曲、歌声であったが。

　私の母が亡くなった年2014年、年賀の挨拶を失礼すると書き送った時に、豊増さんも年末には大使館を退職することを知らせて来た。それは30年近く続いていた無遅刻無欠勤の記録が途切れ、その年の5月に肺炎で入院したことが原因ということであった。奥様のメッテさんが70歳の誕生日、ご近所に住んでいる家族全員の豊増ファミリーの写真を送ってくれた。豊増さんご夫妻と三人の息子さん、お嫁さんが二人（なぜかインド人のお嫁さんは写っていなかったが）、お孫さんが7人合計14人での楽しそうな大家族の写真であった。

　そして、2017年には奥様のメッテさんが亡くなられたとの知らせが届いた。あまり多くの事は書かれていなかったが、相当に気落ちしていることは疑う余地も無かった。その時彼に一度日本に来てみないか、差し向かいで一献やらないかと誘ったことを覚えている。

　最後に届いた「豊増家の一年」は2019年、平成31年の正月も過ぎたころであろうか、私の年賀に対する返礼であった。

　それは同居している女の子のお孫さんから貰ったというカードで、封筒の裏の彼の字が酷く乱れているので、その事が実は少し気になっていた。

※

そして2019年の年の瀬、前々年に奥様を亡くされた彼に送るカードなのだが、なぜかその年は虫の知らせがあって、色々迷った挙句にオルゴール・メロディの流れるものを選んだ。サンタクロースのお腹のボタンを押すとクリスマスの曲（オルゴール）が流れだす愉快なカードだ。12月に入ったばかりの頃（だからもう既にその時彼は亡くなっていたのだが）、私は何も知らずに曲目を選んでいた。テノール歌手の秋川雅史の「千の風になって」という曲も一瞬手に取ってみたが、

「私のお墓の前で、泣かないでください～」

という歌詞を思い出して止めたのだ。

そして選んだのは松任谷由美の「恋人がサンタクロース」だった。

その年が明けてからの遅い訃報を受け取ってみて、きっと彼の家族が墓前でその曲を掛けてくれているだろうと思ったら、根っから陽気な彼にぴったりの選曲であったなと、今更その偶然が妙に納得できたのだった。

※

昨年（2020年）一月もそろそろ過ぎようとしていたころに、豊増さんの息子さん（恐らく三男の方）からカードの返礼があった。多分日本語の表記の住所は誰か日本の方に教わったのであろう、たどたどしい文字で、内容は私宛てに英文の手紙であった。それは父親である豊増さんがその年の8月30日に亡くなったことと、その最後に

は、

”His family would like to thank you for a long friendship.”

と書かれてあった。

※

２００１年アイスランドに在勤していた頃に、出張で何度かオスロの大使館事務所を訪れたことがある。その時に豊増さんの自慢の事務室に何度か招待された。

それは、営繕担当の「鹿屋書記官」（注）に特にお願いしてこの屋根裏部屋を宛がってもらったのだという。それはアンネの日記に出てくる、屋根裏部屋の隠れ家のようですらあり、2階の一番北側の隅から隠し扉を開けて急な階段を上り屋根裏に至る前の中3階とでもいうような場所に、人間二人が入るのがやっと位の部屋で、大きな出窓が飛び出しており、すぐ隣の家屋との間のマロニエの枝が飛び込んで来そうな位に近かった。

夏は良い風が入り、最高の環境なのだという。それと階段が急なので偉い人達は敬遠して上がって来たがらないので、全て仕事が電話で済むのだというのである。

大使館事務所の一番裏は木でできた急な螺旋階段が1階から3階まで続いている。当時一番若いノルウェー語の研修生の女性がその階段を駆け下りる途中で、真逆さまに転落して病院に運ばれたことがあるという。けれど、豊増さんの事務室へ行く階段はもっと細く、梯子のようですらあった。

※

豊増さんを大使館で雇用した切っ掛けはひょんなことであった。元々豊増さんは在オスロ・ジェトロの専属職員で、私も電話などで時々会話したことがあったが、電話口で話を聞いただけでも、こちらの知りたいことを的確に説明してくれて、ものすごく優秀な職員さんと言うことが理解できた。それより何より大使館の中嶋さんと大親友なのであった。当時のジェトロでオスロとストックホルムの合併案があり、豊増さん自身その将来に不安を感じていた矢先であった。彼は生涯そのことに恩義を感じていたのであろう、こんなにも義理堅い人というのも中々見たことが無い。

※

豊増さんはその日本語のアクセント、話し方に独特の方言のようなものがあり、恐らくは九州地方のどこかのご出身なのであろう。しかし一度も日本に里帰りしたという話は聞いたことがなかった、よほどの理由があるのであろう。その辺は時折一時帰国し新宿には自宅があるという中嶋さんとは好対照であった。

※

2007年の中嶋さんの死も、「豊増家の一年の特別号外」版で知った。中嶋さんとはその直前私がアイスランドを発つ以前にもオスロで数回会っていたのだ。ただ、中嶋さんが大使館を定年退職したあと、豊増さんはある程度彼の健康面での不安を知っていた。２００1年アイスランド大使館の立ち上げの際、最初にレイキャビクで事前準備をして待っていてくれたのは中嶋さんであったが、その時の直前に一度、生死の境を彷徨ったことがあったと明かしてくれていた。

その時に中嶋さんが気に入っていたアイスランド・レイキャビクのチェルトニン湖に面した「ヴィド・チェルトニン」というレストラン、一般家庭のような店のたたずまいと、お皿とかスープの器が全て揃っていなくて、何故かおばあさんの家庭料理の味がすると言っては中嶋さんが気に入っていた。魚の料理はなかなかの物であった。その中嶋さんと豊増さんとの縁は私がノルウェーを離れた後、スウェーデン、アイスランドと北欧の勤務を続ける時にまた不思議な縁で復活することになる。ただ、この頃のことはまた次の機会があればそれに譲る。

※

先日、グーグルマップを見ていて、ストリートビューという機能があり旧ノルウェー日本大使館事務所の建物がそのまま、今はオスロにおいて不動産屋さんとして営業していることが判った。パソコン画面に蘇った付近のたたずまいも昔のまま変わらずに残っていて、小石だらけの脇の小道も、葉の生い茂ったマロニエの木の枝も、鉄柵もまるで昔のままであった。

その建物を訪ねてみたら、きっと豊増さんはあの急な階段を上った、屋根裏部屋にまだ居て盛んに豊増節を語っている、そして階下には中嶋さん、斎賀大使、掃除婦のマリエさん、ポールが「ビージー、ビージー」と言ってまだ働いているのではないかと思わず想いを巡らせた。

（注）鹿屋書記官は文字通り九州鹿屋市の出身で、私が外務省に入省した時からの付き合い。クールなブルーカラー技術系の才俊で後に外務大臣官房営繕管理官となる。ただその頃は私の最初の配属先営繕管理官室の前任、後任の間柄であった。もっとも私は事務官で彼は純粋の外務技官であるから、当然専門分野のエキスパートとなり、在ノルウェー大使公邸の新営工事のため赴任してきていた。とにかく優秀な男で、公邸の工事の片手間に手狭になった大使館事務所の屋根裏部屋にマッチ箱を重ね合わせるみたいに増設して、増員となった人達の執務スペースを見事に生み出して、まるで手品の様な改修工事をやってのけていた。

著者プロフィール

島田 薫（しまだ　かおる）

島田薫＝本名、1953年10月神奈川県鎌倉市腰越で生まれる。
自動車会社等勤務の後、1977年（昭和52年）外務省入省、外務大臣官房営繕管理官室、在外公館課等での勤務の後に官房班（長）兼会計担当官（Administration）として在外公館に勤務、華々しい外交活動や情報収集などの任務とは異なる裏方的業務を専門として9ヶ国（ポートランド（米国）、オマーン、ノルウェー、ニュージーランド、スウェーデン、アイスランド、スリランカ、スイス、カナダ）と都合28年間に亘り在外公館の業務に携わる。外務本省の勤務と合わせ39年間の勤務を終え、2017年に退官。現在静岡県伊東市に在住。好きな言葉は“Flexibility”＝「柔軟性」

葡萄茶色《えびちゃいろ》のパスポート

2022年８月15日　初版第１刷発行

著　者　島田 薫
発行者　瓜谷 綱延
発行所　株式会社文芸社
〒160-0022　東京都新宿区新宿1－10－1
電話　03-5369-3060（代表）
03-5369-2299（販売）

印刷所　株式会社暁印刷

ISBN978-4-286-23894-4　JASRAC　出2204315－201